DON BOSCO

Eva Reuys / Hanne Viehoff

Jetzt kommen wir!
Ideen und Spiele für die 1- bis 3-Jährigen

Wir kleistern, kneten, klecksen

Gerne nehmen wir Ihre Anregungen, Wünsche,
Kritik oder Fragen entgegen:
Don Bosco Medien GmbH, Sieboldstraße 11, 81669 München
Servicetelefon: (0 89) 4 80 08-341

Weitere Titel der erfolgreichen Reihe
„Jetzt kommen wir":
Das bin ich! ISBN 978-3-7698-1570-2
Wir spielen zusammen! ISBN 978-3-7698-1571-9
Wir erforschen unsere Welt ISBN 978-3-7698-1589-4
Wir feiern miteinander! ISBN 978-3-7698-1701-0
Wir krabbeln, klettern, hüpfen ISBN 978-3-7698-1727-0
Wir klatschen, singen, tanzen ISBN 978-3-7698-1728-7

Bibliografische Information der Deutschen Nationalbibliothek

Die Deutsche Nationalbibliothek verzeichnet diese Publikation in der Deutschen Nationalbibliografie; detaillierte bibliografische Daten sind im Internet über http://dnb.d-nb.de abrufbar.

5. Auflage 2010 / ISBN 978-3-7698-1590-0
© 2006 Don Bosco Medien GmbH, München
Umschlag: ReclameBüro, München
Umschlagfoto: P. Gregorz Gugala SDB
Illustrationen: Antje Bohnstedt, Waldbronn
Notensatz: Nikolaus Veeser, Schallstadt
Lithos: Camscan, Stiefenhofen
Satz: undercover, Langweid/Foret
Druck: Don Bosco Druck & Design, Ensdorf

Gedruckt auf umweltfreundlichem Papier

Inhalt

6	Ein Wort zuvor
7	Wie Sie mit diesem Buch arbeiten können
9	Kreative Kinder sind lebendige Kinder
14	Bevor es losgeht – ein paar praktische Tipps
17	Kleistern, Kleckern, Matschaktionen
29	Formen mit Knete & Co
40	Kritzeln, Klecksen, Farbenspiele
51	Allerlei mit Papier
63	Kunterbunte Bastelkiste
74	Kindergalerie

Ein Wort zuvor

Jedes Kind hat eine kreative Begabung. Diese kann sich in vielerlei Betätigungen zeigen: im Kritzeln und Malen, im Matschen und Formen, im Zusammenfügen verschiedener Materialien oder auch durch Zerstören des eigenen Produkts und wieder neu beginnen.

Den meisten Kindern ist es ein natürliches Bedürfnis, ihren Gefühlen und Gedanken im kreativen Spiel Ausdruck zu geben. Was gibt es Schöneres, als kleine Kinder, die sich selbstvergessen und voller Hingabe, mit großer Konzentration und Ausdauer in ihr Tun versenken? Darüber hinaus will uns das Kind mit seinen Werken etwas mitteilen: Das bin ich! So sehe ich die Welt! Der aufmerksame und einfühlsame Erwachsene kann dabei viel über die Persönlichkeit und Individualität des Kindes erfahren.
Die frühen Werke des Kindes sind also keinesfalls sinn- oder wertlos, sondern einmalig und unverwechselbar. Sie zeigen viel von dem, was das Kind im Innersten bewegt. Und nicht selten staunen wir über die originellen und kreativen Ideen unserer Kleinen.

Damit sich die Phantasie voll entfalten kann, braucht das Kind eine Umgebung, in der es sich wohlfühlt und sich frei von Leistungsdruck betätigen kann. Unterschiedliche Materialien regen dazu an, sich damit zu beschäftigen und sie mit allen Sinnen zu erkunden. Dabei geht es bei kleinen Kindern zunächst um die Erforschung des Materials und noch nicht um sichtbare Ergebnisse, die unseren Vorstellungen entsprechen. Und so fängt alles an: matschen und schmieren, kneten, spritzen und klecksen. Erst nach und nach entsteht dann vielleicht etwas, was Kinder benennen möchten und dem sie eine Bedeutung geben wollen. Mit Kreide, Stiften und Farben kann man Spuren auf Papier hinterlassen. Aus spontanen Kritzeleien entwickeln sich dann mit der Zeit erste Darstellungen vom Menschen und seiner Umgebung. Im Hantieren mit Schere,

Kleister und Papier erfahren die Kinder, wie man Werkzeuge gebraucht und wozu sie da sind.
Und über allem steht als goldene Regel: Das Erlebnis ist wichtiger als das Ergebnis! Das Tun an sich steht im Vordergrund – nicht das Endprodukt!

Wir wünschen Ihnen und Ihren Kindern viel Spaß beim Ausprobieren unserer Ideen. Lassen Sie sich anregen und gehen Sie gemeinsam mit Ihrem Kind oder den Kindern Ihrer Gruppe auf kreative Entdeckungsreise.

Wie Sie mit diesem Buch arbeiten können

Wir stellen Ihnen in diesem Buch viele Ideen vor, die Kinder im Kleinkindalter zu kreativem Tun anregen. Wir beginnen mit Aktionen, die das Kind zu schwungvollen, dynamischen Tätigkeiten auffordern und es zum Einsatz seines ganzen Körpers ermuntern. So kann es die Freude an der Bewegung voll ausleben, aber gleichzeitig auch alle Sinne trainieren und seiner Phantasie freien Lauf lassen.
Schmieren und Matschen sind elementare Bedürfnisse im Kleinkindalter. Doch wo finden unsere Kinder in einer asphaltierten und genormten Umwelt noch selber die passenden Gelegenheiten, nach Herzenslust im Dreck wühlen und herumbuddeln zu können? Unsere Vorschläge regen dazu an, mit den verschiedensten Materialien zu matschen, zu kneten, zu formen oder nur herumzuschmieren. Der Umgang mit unbekannten Materialien ist für manches Kind vielleicht so neu, dass es nicht gleich zugreifen mag oder sogar Ekel empfindet. Wir geben Ihnen Tipps, wie Sie solche Aktionen so planen und durchführen, dass diese für Groß und Klein gleichermaßen ein Vergnügen sind.
Neben Aktionen, in denen die Kinder möglichst frei und ohne direkte Anleitung tätig werden können, enthält unser Buch auch Vorschläge für einfache Bastelarbeiten, die bereits von den Kleinen bewältigt werden

können, oder aber, die sie gemeinsam mit Hilfe der Erwachsenen durchführen. Hier steht das gemeinsame Tun von Großen und Kleinen im Mittelpunkt – nicht das perfekte Ergebnis!
Geschichten und Verse zum Mitmachen, Mitsingen oder -spielen ergänzen unsere Vorschläge. Dies entspricht dem ganzheitlichen Erleben des Kleinkindes.

Die meisten Angebote lassen sich mit einfachen Mitteln vorbereiten und durchführen. Vieles von den dafür benötigten Materialien finden Sie zu Hause in Ihrem Haushalt. Ein Teig zum Spielen ist im Nu zusammen gemixt; und Farben kann man aus Säften selbst herstellen. Manchen mag es stören, dass hierzu Lebensmittel verwendet werden. Aber bis zur Erfindung chemischer Farben war es früher für jeden Künstler selbstverständlich, seine Materialien aus natürlichen Grundstoffen selbst herzustellen. Kleine Kinder sind mit allen Sinnen tätig. Dazu gehört nun einmal auch, dass sie von dem Material etwas in den Mund stecken wollen. Und ist es nicht viel spannender auch schon für die Kleinen, von Anfang an dabei zu sein und erleben zu können wie etwas entsteht? Auch Altmaterial lässt sich noch für viele Aktivitäten verwenden. Sortieren Sie mit Ihrem Kind gemeinsam die Dinge aus, die noch zum Basteln zu gebrauchen sind.

Alle Angebote dieses Buches orientieren sich am Alter und an den Interessen von Kleinkindern. Sie sind aus der Praxis mit Kleinkindergruppen entstanden, eignen sich aber ebenso auch für das einzelne Kind zu Hause. Selbstverständlich können immer auch Erwachsene mitmachen. Lassen Sie sich auf die Ideen des Kindes ein und machen Sie gemeinsam mit Ihrem Kind etwas. Dies ist besonders für Eltern-Kind-Gruppen wichtig.

Sie werden selbst merken, wie die Angebote von den Kindern aufgenommen werden. Selbstverständlich wird kein Kind zum Mitmachen gedrängt. In Gruppen mit mehreren kleinen Kindern ergeben sich ohnehin genug

Anreize, so dass die Kinder sich gegenseitig motivieren. Gerade für den Umgang mit vielleicht neuen und manchmal schwierigen Dingen gilt: Zeit lassen! Auch beim Zuschauen lernt das Kind schon eine ganze Menge und der Wunsch, etwas zu tun, muss aus eigenem Antrieb entstehen. Auch sollten Kinder immer selbst bestimmen, wie lange und ausdauernd sie mit einer Sache beschäftigt sein wollen. Meist signalisieren sie uns schon, wann für sie etwas anderes dran ist.

Es lohnt sich, das zu dokumentieren, was ein kleines Kind in den ersten Lebensjahren so alles produziert hat. Eine Kindergalerie (vgl. letztes Kapitel, S. 74f) ist eine gute Möglichkeit, die Werke der Kinder in stilvollem Rahmen zu präsentieren.

Die frühe Zeit mit Ihrem Kind geht ohnehin viel zu schnell vorbei! Vielleicht schauen Sie sich Jahre später die Kunstwerke gemeinsam mit Ihrem Sohn oder Ihrer Tochter an. Sie werden staunen, welche Fähigkeiten und Talente sich bereits in den ersten Kinderjahren zeigten!

Kreative Kinder sind lebendige Kinder

Jedes Kind hat eine kreative Begabung

Kinder in den ersten Lebensjahren sind von Natur aus neugierig und kreativ. Sie gehen spontan und voller Tatendrang auf alles zu, was sie in ihrer Umgebung vorfinden. Gerade die Kleinsten verblüffen uns manchmal mit ihrer kaum zu bändigenden Energie. Hat etwas ihr Interesse geweckt, so setzen sie alles daran, es näher zu untersuchen und etwas daraus zu machen. Stolz präsentieren sie uns dann ihr Werk: „Das habe ich gemacht!"

Kinder wollen sich ausdrücken können und das zeigen, was sie sehen, hören, fühlen und von der Welt verstanden haben. Sie wollen aktiv ihre

Umwelt mitgestalten. Dabei folgen sie ihrer eigenen inneren Wahrheit, ihrem eigenen Plan. Voller Hingabe und oft mit großer Konzentration und Ausdauer sind kleine Kinder tätig. Lange Zeit wird immer wieder das Gleiche getan. Oft wird das, was gerade geschaffen wurde, wieder zerstört. Bilder werden übermalt, zerrissen, zerknüllt und sogar weggeworfen. Manchmal werden sie neu zu einer Collage zusammengeklebt. Dies zeigt, dass die Kinder ihren eigenen Impulsen folgen, ausprobieren und immer wieder neu beginnen wollen. Dann, wenn das Interesse nachlässt, wendet sich das Kind Neuem zu.

Kreatives Tun geht häufig mit einem hohen Energiepotential einher. Das ganze Kind geht in seinem Tun auf. Beim Malen wird die Farbe mit beiden Händen und in großen Schwüngen auf das Papier verteilt oder beim Spielen mit Sand und Wasser ist alles am Kind in Bewegung. Neues Material wird mit allen Sinnen erkundet: Kinder schnuppern mit der Nase daran, zupfen Teile davon ab und stecken sie vielleicht in den Mund. Mit den Händen oder den Fingern versuchen sie das, was sie da vor sich haben, im wahrsten Sinne des Wortes zu be-greifen.

Im schöpferischen Prozess können Kinder Zugang zur eigenen Gefühlswelt finden. Auf diese Weise können Gefühle wahrgenommen, aber auch verarbeitet werden. Positive Gefühle wie Freude, Glück oder Zufriedenheit finden ihren Ausdruck. Dies kann besonders beim Malen mit Farben umgesetzt werden. Für schöne und angenehme Erfahrungen wählen Kinder meist spontan helle und freundliche Farben; belastende und unangenehme Erlebnisse werden dagegen fast immer mit dunklen Farbtönen dargestellt. Gerade beim Matschen und Schmieren werden starke Gefühle ausgelebt: Wut, Protest, Enttäuschungen, Ohnmacht oder Angst finden ein Ventil. Das, was im Alltag meist unerwünscht ist und oft nicht direkt ausgelebt werden kann, darf im kreativen Prozess zugelassen werden. Dies ist wichtig für das seelische Gleichgewicht der Kinder. Auf diese Weise entwickeln sich Selbstbewusstsein und Ich-Stärke. Kinder erfahren, dass auch diese Gefühle ernst genommen werden. Damit wird

die Bereitschaft gestärkt, in anderen alltäglichen Situationen die eigenen Bedürfnisse zurückzustellen, – eine Erfahrung, die Kinder tagtäglich hundertfach machen müssen. Im künstlerischen Tun erleben Kinder jedoch einen Freiraum, in dem sie eigenen Ideen und Impulsen folgen dürfen. Während sonst bei vielen Aktivitäten das Einfügen in eine Gruppe verlangt wird, können Kinder beim Malen oder Kneten ihre Individualität zeigen. Sie haben etwas Eigenes geschaffen, das sich grundlegend von dem der Anderen unterscheidet. Auch wenn mehrere Kinder in der Gruppe mit dem gleichen Material arbeiten; – das Ergebnis sieht bei jedem Kind doch anders aus. Dies erfüllt Kinder mit Stolz und Zuversicht in die eigenen Fähigkeiten. Nach getaner „Arbeit" sind unsere Kinder glücklich und entspannt und in einem gesunden Sinne müde. Mit ihren Werken wollen uns Kinder sagen, wie sie wirklich sind und was sie im Innersten bewegt: voller Kraft und Tatendrang oder eher vorsichtig tastend, überlegend und zurückhaltend.
Bestätigung und Anerkennung der eigenen Werke verschafft Erfolgserlebnisse. Deshalb ist es wichtig, die Arbeiten der Kinder an der Wand aufzuhängen oder in einer Ausstellung zu präsentieren. Damit erfahren Kinder sowohl die Wertschätzung anderer, lernen jedoch auch ihrerseits Fremdes zu achten. So können bereits in einem sehr frühen Alter die Grundlagen für den Umgang mit Kunst im weitesten Sinne gelegt werden. Auch lohnt es sich, bereits die Bilder der Kleinsten in einer Sammelmappe aufzubewahren. Für Eltern ist dies meist eine schöne Erinnerung an eine Zeit, die ohnehin viel zu schnell vorbei ist.

Unsere Kinder wachsen heute in eine Welt hinein, die ihnen eine Fülle von Sinnesreizen bietet und vieles bereits fertig präsentiert. Damit fehlt häufig die Möglichkeit, nach eigenen Bedürfnissen etwas zu gestalten oder zu verändern. Auch die natürliche Umwelt setzt Kindern zunehmend Grenzen, wenn es darum geht, etwas selbst zu erkunden und aus eigenem Antrieb heraus etwas zu schaffen. Genormte Kinderspielplätze und beengter Wohnraum schränken die kindliche Kreativität ein. Aber auch zuviel Spielzeug in den Kinderzimmern lässt die Phantasie eher verkümmern. Kindern fehlt somit die Erfahrung, wie man mit wenig oder sogar aus dem Nichts heraus eigene Ideen entwickeln kann. Oft sind unsere Kinder auch überbeschäftigt und warten passiv auf ständig neue Anregungen. Und nicht zuletzt werden Wissen und Leistungsdenken heute vielfach höher bewertet als Intuition und Phantasie.

Deshalb ist es so wichtig, eine Umgebung zu schaffen, in der kleine Kinder sich wohlfühlen und frei von Leistungsdruck sein können. Phantasie braucht Freiraum, manchmal auch das Nichtstun, das in den Tag hinein leben, Zeit zum Träumen. Den eigenen inneren Regungen nachspüren können, Außenreize bewusst ausschalten, der Intuition Raum geben – erst das schafft die Voraussetzungen, um kreativ tätig werden zu können. Aber auch altersgemäße Erlebnisse sowie eine Umwelt, die kleine Kinder mit allen Sinnen untersuchen und erforschen dürfen, tragen zur Entfaltung ihrer kreativen Anlagen bei.

Erwachsene sind Partner des Kindes

Wenn wir Einfühlungsvermögen und Neugierde mitbringen, dann kann eine Atmosphäre entstehen, in der Kinder sich akzeptiert fühlen. Da, wo es notwendig ist, unterstützen wir sie: Wir schaffen eine Umgebung, die zum freien und spontanen Tun anregt und stellen Material bereit, das genug Aufforderungscharakter für Kinder im Kleinkindalter besitzt. Kinder wollen ihre Erfahrungen selbst machen – also halten wir uns zunächst mit Anregungen zurück. Anfangs wird ein Kind ganz damit beschäftigt sein, das zu erkunden, was es vorfindet. Es braucht viel Zeit, ein vielleicht neues Material kennen zu lernen und die Scheu vor dem Unbekannten zu überwinden. Dabei beobachten wir, was von dem Kind selbst an Ideen und Impulsen kommt. Nach einer Weile können wir uns dazu gesellen und das aufgreifen, womit es gerade beschäftigt ist.

Wir signalisieren Interesse, zeigen Freude und greifen vielleicht die eine oder andere Idee auf, tun das Gleiche – oder machen auch einmal bewusst etwas ganz anderes, um vielleicht einen neuen Akzent zu setzen. Wir können auch unser Interesse dadurch zeigen, dass wir das Kind sprachlich begleiten. In einfachen und sachlichen Worten drücken wir das aus, was es gerade tut: „Der Ton fühlt sich jetzt aber nass und kalt an, und ziemlich glitschig ist er auch. Ob dir das wohl gefällt, wenn du mit den Händen etwas damit machen willst? Ziemlich fest ist der Tonklumpen, da muss man noch etwas Wasser dazu geben und ihn tüchtig drücken und kneten, dann wird er vielleicht etwas weicher. Jetzt sehe ich, dass du mit der Faust fest darauf klopfst, ob das vielleicht ein Pfannkuchen wird? Oder man kann auch mit dem Finger Löcher hineinbohren, vielleicht finden wir dann etwas, das wir hineinstecken können …"
Natürlich halten wir uns mit Wertungen oder gar ironischen Kommentaren zurück. Nicht jeder Klecks Farbe auf dem Papier ist schon der ganz große künstlerische Wurf. Kinder haben meist ein sehr feines Gespür dafür, wann Lob sinnvoll und angebracht ist. Unsere Äußerungen sollen sie in ihrem Tun positiv bestärken und ihnen eine Hilfe sein, den begonnenen Weg weiter zu gehen. Freuen wir uns mit dem Kind, wenn etwas gelungen ist! Manchmal dürfen wir uns auch einfach nur überraschen lassen von der Spontaneität und vom Einfallsreichtum der Kinder. Wenn Kinder über ihre Werke reden wollen, gehen wir darauf ein. Wir drängen jedoch nicht dazu, irgendeine Bedeutung zu erfahren. So sind auch direkte Fragen: „Was soll das sein? Was soll das bedeuten?" zu vermeiden. Kleine Kinder würden sich unverstanden und nicht ernst genommen fühlen – das Tun an sich ist für sie von Bedeutung, nicht irgendein zu verwirklichendes Ziel.
Aus diesem Grund ist es vorerst auch nicht wichtig, Techniken zu vermitteln und genaue Anleitungen vorzugeben. Dies macht erst dann Sinn,

wenn die Kinder ausreichend und erschöpfend ihre eigenen Erfahrungen machen konnten.

Kinder signalisieren uns meist, wann für sie die Phase des reinen Experimentierens vorbei ist. Dann erwarten sie von uns Hinweise und mehr zielgerichtetes Vorgehen. Dann ist auch die Zeit gekommen für erste kleine Basteleien. Wir Erwachsenen beginnen dann einfach mit einer Tätigkeit. Kleine Kinder wollen das nachmachen, was wir Erwachsenen tun. Sie finden schon selbst heraus, wie sie sich einbringen: nur zuschauen, vielleicht einzelne Teile festhalten, den Kleber auf das Papier tropfen lassen, beim Aufräumen mithelfen usw. Auch wenn sie nicht direkt mitgearbeitet haben, die Kleinen werden doch vom Ergebnis begeistert sein und das nächste Mal schon etwas selbstständiger vorgehen.

Kinder erleben heute die Erwachsenen kaum noch bei handwerklichen Tätigkeiten. Situationen, in denen gerade die Kleinen durch Zuschauen und Nachmachen lernen könnten, sind selten. So ist das gemeinsame Basteln mehr als eine nette Kinderbeschäftigung.

Bevor es losgeht – ein paar praktische Tipps

Ohne Vorbereitung geht es nicht. Dies erspart nicht nur Ihnen eine Menge Stress! Auch die Kinder fühlen sich einfach wohler, wenn sie sich in einem Freiraum bewegen können, der ihrem Alter und ihrem Entwicklungsstand entspricht. Das heißt bei Kleinkindern im Alter von einem bis zu drei Jahren: Weniger ist mehr! Und: Wir Großen machen mit, fangen an und überlassen dann das Weitere dem Kind, wenn es allein zurechtkommt.

Schaffen Sie ausreichend Platz für jedes Kind, damit es sich voll entfalten kann! Das Kleinkind will beim Matschen und Schmieren oder beim großflächigen Malen seinen Bewegungsdrang ausleben können. Kinder werkeln manchmal lieber im Stehen oder auf den Knien am Boden. Beim Schneiden, Falten oder Kleben dagegen sitzen sie auch gern am Tisch. Matsch- und Schmieraktionen verlegen Sie im Sommer ohnehin am besten ins Freie. Am Schluss ist das Abspritzen mit dem Gartenschlauch ein meist willkommenes Vergnügen. Die Werke der Kinder können an der Luft trocknen, das geht meist einfach und schnell. Ist dies alles nicht möglich, so lassen sich diese Angebote auch im Badezimmer mit gefliestem Boden durchführen.

Schützen Sie die Arbeitsfläche vor Farbspritzern, Klebstoff u. a. Eine große Abdeckplane am Boden, am Tisch ein Wachstuch oder ausgelegte Zeitungen, mit breitem Klebeband fixiert, dienen als Unterlage. Bei Matsch- und Malaktionen wollen die Kinder sich auch zwischendurch immer wieder einmal die Hände reinigen können. Ein bereit stehender Eimer mit Wasser, daneben ein Stapel alter Lappen oder eine Rolle Küchenkrepp sind dann eine Hilfe.

Die Bekleidung der Kinder sollte so sein, dass sie sich schmutzig machen dürfen und die weitere Reinigung der Kleidung keine Probleme mit sich bringt. Malerkittel oder T-Shirt schützen vor Farbspritzern. Im Laufe der Zeit werden die Malkittel immer bunter und werden selbst zu individuellen Kunstwerken!

Beschränken Sie Werkzeuge und Hilfsmittel auf einige wenige Teile! Das kleine Kind könnte schnell überfordert sein, wenn es auswählen soll unter Dingen, die es vielleicht noch gar nicht kennt. So reichen ein bis zwei Farben beim Malen oder zwei verschiedene Hölzchen beim Experimentieren mit Ton. Vieles wollen kleine Kinder ohnehin lieber mit den eigenen Händen machen, diese sind in den ersten Lebensjahren die wichtigsten Werkzeuge.

Auch schon die Kleinen werden von Anfang an einbezogen, wenn es um das Aufräumen geht. Geben Sie ihnen Aufgaben, die sie bewältigen können: den Kleber und die Stifte zurück ins Regal bringen; den Tisch mit einem feuchten Tuch abwischen und dergleichen. Kinder wollen, dass man ihnen etwas zutraut. So werden sie wie selbstverständlich an immer wiederkehrende Arbeitsabläufe gewöhnt. Auch bei der Vorbereitung können Kinder mithelfen. Dies trägt zur Motivation und Einstimmung in das, was folgen wird, bei.

Kleistern, Kleckern, Matschaktionen

Wahrscheinlich denken Sie bei diesem Thema schon mit Schrecken an den Dreck, den Kinder nach ausgiebigen Matschaktionen oder dem Werkeln mit Kleister, Pappmaché oder Gips hinterlassen. Andererseits sehen Sie auch die große Begeisterung, die Kinder beim Umgang mit diesen Materialien empfinden.

Doch keine Angst! Mit den richtigen Vorbereitungen und entsprechender Planung gelingen auch Spiele und Aktionen, bei denen kleine Kinder nach Herzenslust schmieren und sich schmutzig machen dürfen.

Kinder brauchen diese sinnlichen Erfahrungen, sie stimulieren auf vielfältige Weise die gesamte Persönlichkeitsentwicklung. Sie brauchen diese Freiräume, in denen sie noch ganz Kind sein dürfen. Und sie brauchen die Erfahrung: Meine wichtigsten Bedürfnisse werden ernst genommen, auch die nach dem Ausleben sonst eher zurückgehaltener Gefühle. Diese finden so ein Ventil und können damit verarbeitet werden. Nach getaner „Arbeit" sind unsere Kinder dann auch zufriedener und ausgeglichen, sind eher bereit, Einschränkungen an anderer Stelle hinzunehmen. Denn ein kleines Kind kann noch nicht selbst unterscheiden zwischen dem, was erwünscht oder eher unerwünscht ist. Und bevor es beginnt, im Brei herumzumantschen oder auf dem Marmeladenbrot Muster und Linien zu malen, sollten wir ihm einen Platz dafür bieten, an dem es ohne Gefahr für die Wohnungseinrichtung mit „Dreck" spielen darf.

Matschen mit Kleister

Für kleine Kinderhände ist Tapetenkleister ein geradezu ideales Matschmaterial, mit dem sich herrlich herumschmieren lässt. Kleister ist ein preiswerter Bastelkleber. Er ist schnell hergestellt und kann in Kombination mit anderen Materialien die Basis für viele Gestaltungsmöglichkeiten sein.

Erste Erfahrungen mit Kleister

Das brauchen Sie:
1 Packung Tapetenkleister, Wasser, Schüssel, Schneebesen, Abdeckplane, Plastiklöffel, kleine Schöpfkelle, Gläser mit Schraubverschluss zum Aufbewahren.

So wird's gemacht:
Die Kinder rühren in einer mit kaltem Wasser gefüllten Schüssel den Tapetenkleister nach Packungsanweisung an. Den Ansatz 30 Minuten ausquellen lassen. Nun kräftig mit dem Schneebesen durchschlagen. Den Kleister in Gläser mit Schraubverschluss füllen.
Diese Grundmasse kann nun je nach Bedarf immer wieder verändert werden, indem die ergänzenden Materialien zugefügt werden.

Anregungen zum Experimentieren:
Beim Ansetzen des Kleisters können die Kinder schon mithelfen und erste Erfahrungen sammeln: Wie fühlt sich der trockene Kleister an, wie später der angerührte? Beim Einrühren kann ein Kind den Kleister einrieseln

lassen, ein anderes rührt kräftig mit dem Schneebesen. Als fertiger Brei lässt er sich durch die Finger quetschen. Man kann ihn mit beiden Händen oder einer Suppenkelle schöpfen und herabtropfen lassen oder in verschiedene Gefäße gießen. Vielleicht ist es auch interessant auszuprobieren, ob er sich besser mit einer Gabel oder einem Löffel umfüllen lässt.
Oder aber der Kleister wird mit beiden Händen auf der Plane verstrichen und die Kinder genießen einfach das sinnliche Vergnügen mit dieser glitschigen Masse. Meist finden die Kinder ganz von selbst heraus, was man da alles mit den Händen und den Fingern machen kann: Linien und Muster malen; mehrere Kleckse zusammen laufen lassen und alles wieder miteinander vermischen. Wenn Sie noch ein paar Farbkleckse hinzugeben, entstehen herrliche Farbenspiele.

Kleisterpapier

Das brauchen Sie:
Fertig angerührten Tapetenkleister, Plaka-, Dispersions- oder Fingerfarben, Gläser mit Schraubdeckeln für die Farben, Schüssel, breiten Borstenpinsel, grobporigen Schwamm, Plastikgabel, Kamm, große Bögen Zeichenpapier, Bügeleisen.

So wird's gemacht:
Den Kleister pro Glas jeweils mit soviel Farbe einfärben, bis der gewünschte Farbton erreicht ist. Sind alle Farben angerührt, tragen die Kinder die farbige Kleistermasse entweder in einer Farbe oder in

Farbmischungen mit dem Pinsel auf dem Papier auf, bis es vollständig bedeckt ist. Sein typisches Muster erhält das Papier, wenn die Kinder mit dem Finger Wellenlinien, Zacken oder Kringel in den Kleister malen. Andere Strukturen ergeben sich mit Hilfsmitteln, z. B. mit dem Schwamm auftupfen oder mit der Plastikgabel, bzw. dem Kamm Linien ziehen. Nach dem Trocknen wird das Kleisterpapier glatt gepresst oder auf der Rückseite gebügelt (Einstellung Wolle).

Pappmaché

Das brauchen Sie:
Zeitungspapier, Papiertaschentücher, WC-Papier oder Küchenkrepppapier, sowie ungefärbte Eierkartons; angerührten Tapetenkleister, evtl. elektrisches Handrührgerät, zum Einfärben der Masse flüssige Farben oder Farbpigmente.

So wird's gemacht:
Das Papier in kleine Fetzen reißen und die Schnipsel in eine Plastikwanne füllen. Den angerührten Kleister dazugeben und mit den Händen vermengen. Schon bei diesem Vorgang können die Kinder mitmachen und beobachten, wie es ist, wenn sich das Papier langsam auflöst und zu einem flüssigen oder zähen Brei wird. Die glitschige Masse kann man durch die Hände pressen, zwischen den Fingern wieder herausdrücken, rühren oder kneten.
Die Konsistenz von Pappmaché wird besser, wenn die Masse einige Stunden, am besten über Nacht eingeweicht wird. Mit dem elektrischen Handrührgerät kann das Vermischen beschleunigt werden. Die Masse wird feiner, wenn nur weiches WC-Papier oder Papiertaschentücher verwendet werden. Marmoriertes Pappmaché erhalten Sie, wenn Sie Schnipsel von farbigem Seiden- oder Krepppapier zugeben.

Blumenstecker aus Pappmaché

Das brauchen Sie:
Eine Portion Pappmaché, einen Holzstab, Backtrennpapier oder Alufolie, Alleskleber, Plakafarbe.

So wird's gemacht:
Die Kinder bekommen soviel Pappmaché, dass sie mit ihren kleinen Händen eine Kugel formen können. Die Kugel auf die Alufolie setzen und etwas flach drücken. Nun die Form einen Tag antrocknen lassen, dann den Holzstab hineinstecken und mit einem Tropfen Alleskleber festkleben. Nochmals ein bis zwei Tage trocknen lassen, bis die Form gut durchgetrocknet ist. Mit Plakafarbe anmalen.

Matschen mit Sand

Sand und Wasser sind den Kindern von früh auf bekannt. Ein Mix aus Sand und Kleister ergibt eine gut formbare Masse, die sowohl zum freien Experimentieren geeignet ist, als auch zum Herstellen von kleinen haltbaren Formen.

Sandkleistermasse herstellen

Das brauchen Sie:
Eine Packung Vogelsand, ein feines Küchensieb, nicht zu dünnflüssigen Kleister, zwei Schüsseln.

So wird's gemacht:
Die Kinder geben etwas Vogelsand in das Küchensieb und schwenken dieses über der Schüssel hin und her. Dabei fällt der ganz feine Sand

durch das Sieb, die groben Teile bleiben zurück. In der zweiten Schüssel wird nun die Sandkleistermasse hergestellt. Dazu vermischen Sie den Sand mit soviel Kleister, dass eine dickliche Masse entsteht.

Anregungen zum Experimentieren:
Schon beim Durchsieben des Sandes können die Kinder ihre Beobachtungen und Erfahrungen mit Sand machen: Wie fühlt sich der Sand an? Was bleibt an festen Bestandteilen im Sieb zurück? (kleine Steinchen, abgebrochene Reste von Muscheln und Schneckengehäusen …) Auch diese lassen sich näher untersuchen. Beim Umfüllen kann man den Sand auch durch die Hand rieseln lassen oder von einer Tasse in die andere schütten. Wird der Kleister zugefügt, ergeben sich neue Möglichkeiten zu experimentieren: Was hat sich jetzt verändert? Die Masse kann man jetzt zusammendrücken, kneten und formen oder auch auf der Unterlage verstreichen.

Sandkleisterbilder

Das brauchen Sie:
Zwei Tassen gesiebten Vogelsand, zwei Tassen Kleister, Pappe, Plastikgabel, Kamm mit breiten Zinken oder Kordeln und Bindfäden.

So wird's gemacht:
Die Kinder vermischen den Vogelsand mit dem Kleister. Es soll eine streichfähige Masse ergeben. Diese wird mit den Händen auf der Pappe verteilt. Nun lassen sich Strukturen hineinarbeiten: Mit dem Finger, der Gabel und dem Kamm kann man wellenförmige Linien ziehen. Ein anderer Effekt wird erzielt, wenn die Kordel und die Bindfäden in die Masse gedrückt und zu Wellen, Kringeln, Spiralen und Kreisen geformt werden. Wenn die Kinder mit ihrem Werk fertig sind, werden die Bilder zum

Trocknen ausgelegt. Die Kordel und die Bindfäden bleiben dabei an der Masse kleben.

Wenn Sie dem Sand etwas Lebensmittel- oder Fingerfarbe zugeben, erhalten Sie eine farbige Sandkleistermasse.

Schwarz-Weiß-Bilder

Das brauchen Sie:
Schwarzen Fotokarton, Kleister, Vogelsand, ein Sieb, eine Plastikwanne.

So wird's gemacht:
Die Kinder tragen mit der ganzen Hand oder dem Finger Kleister auf den schwarzen Fotokarton auf. Nun wird etwas Vogelsand in das Sieb gegeben und immer wieder über dem Karton hin und her geschwenkt. Nach einer Zeit des Trocknens kann der nicht haftende Sand entfernt werden. Dies geschieht am besten, indem das ganze Blatt schräg gehalten wird und der überschüssige Sand in die Wanne rieseln kann. Die Kinder können auch versuchen, den noch verbleibenden restlichen Sand abzublasen.

Muschelmosaik

Ein Muschelmosaik ist ganz einfach herzustellen. Es sieht hübsch aus und ist ein dekoratives Geschenk für Eltern oder Freunde.

Das brauchen Sie:
Sandkleister (siehe Rezept), Deckel eines Schuhkartons, Käseschachtel oder flache Plastikschälchen, Teigschaber, große und kleine Muscheln oder alternativ kleine Kieselsteine, ein Schneckenhaus, kleine Aststückchen u. Ä.

So wird's gemacht:
Den Sandbrei in die Schachtel oder in das Schälchen geben und mit dem Teigschaber oder den Händen glatt streichen. Nun die Muscheln oder die anderen Gegenstände in die Masse hineindrücken. Nach etwa einer Woche Trockenzeit ist das Mosaik fest.

Sand, Sand, Sand in meiner Hand

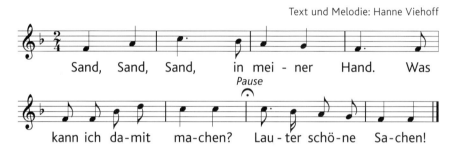

Text und Melodie: Hanne Viehoff

Sand, Sand, Sand in meiner Hand.
Was kann ich damit machen?
Lauter schöne Sachen:
(Sprechen:) Förmchen füllen, Kuchen backen, Burgen bauen, Tunnel graben, Löcher bohren usw.

Spielanregung
Das Lied wird gesungen und im Anschluss daran die Tätigkeit genannt mit der passenden Handbewegung. Bei jeder Wiederholung des Liedes wird wieder mit der ersten Tätigkeit begonnen, die zweite hinzugefügt usw. Zum Schluss werden alle Tätigkeiten nacheinander genannt.

Sandkuchen

Sie sehen fast wie echte kleine Kuchen aus und sind kinderleicht herzustellen. Mit dem fertigen Kuchen können die Kinder in der Puppenecke oder im Kaufladen spielen.

Das brauchen Sie:
Sandkleistermasse (siehe Rezept), kleine Kuchenförmchen, auch Plastikförmchen vom Sandspielzeug, Speiseöl, Backpinsel, breites Messer, Holzbrettchen, Tortendeckchen.

So wird's gemacht:
Das Förmchen mit Öl auspinseln und den Sandkleisterteig hineingeben, dabei die Masse gut andrücken, um alle Ritzen und Ecken auszufüllen. Den Sandteig mit dem Messer glatt streichen und den Kuchen an der Luft trocknen lassen. Das kann bis zu einer Woche dauern.
Den Kuchen auf ein Holzbrettchen stürzen und noch ein bis zwei Tage nachtrocknen lassen.
Zur Dekoration den Kuchen auf ein Tortendeckchen setzen.
Einen täuschend echt aussehenden Marmorkuchen erhalten Sie, wenn Sie einem Teil der Sandkleistermasse etwas braune Lebensmittelfarbe zugeben.

Matschen mit Gips

Mit Gips können kleine Kinder ähnliche Erfahrungen machen wie mit Sand. Wie fühlt sich der trockene Gips an? Wie ist das, wenn man Wasser zugibt? Was passiert, wenn der Gipsbrei eine Weile stehen bleibt? Was kann man mit den getrockneten Formen alles machen?

Knautschobjekte

Das brauchen Sie:
Gefrierbeutel (3 Liter), kleine Schöpfkelle, Gipsbrei, Tütenklipp.

So wird's gemacht:
Halten Sie den Beutel so geöffnet, dass das Kind mit der Schöpfkelle den Gipsbrei einfüllen kann. Wenn die Tüte etwa zur Hälfte mit dem Brei gefüllt ist, wird sie oben mit dem Klipp geschlossen. Schon nach einigen Minuten beginnt der Gipsbrei zu trocknen. Jetzt kann er von Kinderhänden bearbeitet werden: Fest mit beiden Händen knuddeln und drücken, mit den Fingern Vertiefungen hineinbohren oder alles platt klopfen. Schon bald ist der Gips richtig durchgetrocknet. Die Plastiktüte wird nun abgezogen und das Knautschobjekt kommt zum Vorschein. Vielleicht hat das eine oder andere Kind Spaß daran, sein Kunstwerk zu bemalen.

Kleine Kuchen aus Gips

Sammeln Sie alle möglichen Plastikeinlagen aus Keks- und Pralinenschachteln oder auch kleinere Joghurtbecher und Plastikschälchen. In diese wird der angerührte Gips gegossen. Die Kinder beobachten nun, wie die Masse langsam trocken und fest wird. Ist dieser Vorgang beendet, lassen sich die Formen ganz einfach aus der Plastikeinlage drücken. Joghurtbecher müssen evtl. eingerissen oder eingeschnitten werden, damit man sie von der getrockneten Form ablösen kann. Bunte Kuchen entstehen, wenn dem Gips Farbe beigemischt wird.

Fußspuren aus Gips

Legen Sie im Garten oder auf einer Plastikunterlage eine Straße aus schwarzem Fotokarton. Am Anfang der Straße steht eine Wanne mit dickflüssig angerührtem Gips, am Ende ein Gefäß mit Wasser, sowie Handtücher, Waschlappen und Bürsten. Die Kinder steigen nun zuerst in die Wanne mit Gips und beginnen sofort, über die Straße zu laufen. Dabei werden die Spuren immer blasser. Sicher haben sie Lust, einige Runden zu drehen, wobei sie immer wieder ihre Füße in den Gips eintauchen.
Zum Schluss startet die Abwaschaktion: zuerst die Füße ins Wasser tauchen und die Gipsreste abbürsten und -rubbbeln, dann mit dem Handtuch abtrocknen.
Natürlich lässt sich Gips auch mit Farbpigmenten einfärben. Dann brauchen Sie jedoch für jede Farbe ein anderes Gefäß. Und vielleicht können die Kinder ihre eigenen Füße dann auch anhand der Farbe erkennen.

Gipsreliefs

Die Gipsreliefs sind ganz einfach herzustellen. Das ist im Sommer eine Aktion, die im Sandkasten stattfinden kann.
Dazu wird zunächst der Sand mit einer Gießkanne so befeuchtet, dass sich die Formen gut hineindrücken lassen. Die Kleinsten haben schon ihre Freude daran, einen Hand- oder Fußabdruck im Sand zu hinterlassen. Die Größeren nehmen geeignete Formen: Plastikschälchen, kleine Kuchenformen aus der Puppenküche oder Sandförmchen. Diese

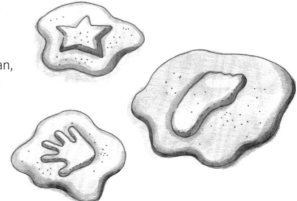

werden mit dem Boden in den Sand gedrückt, so dass eine Negativform entsteht. In diese wird der angerührte Gips vorsichtig hinein gegossen. Nun warten Sie, bis er vollständig fest geworden ist. Da auch in dieser Zeit der Sand wieder etwas angetrocknet ist, lassen sich die Gipsformen leicht herausnehmen. Der anhaftende Sand kann nun vorsichtig mit einem Pinsel abgebürstet werden. Es bleiben noch genug Sandreste an der Form haften, die dem Relief einen etwas „antiken" Charakter verleihen.

Gipsobjekte

Ganz im Sinne moderner Kunst können Sie Gipsobjekte herstellen. Diese haben eine lange Haltbarkeit und meist eine sehr dekorative Wirkung.

Das brauchen Sie:
Gipsbinden, Schüssel mit Wasser, Schere, Alufolie, Gegenstände aus dem Haushalt wie leere Gläser und Flaschen.

So wird's gemacht:
Gipsbinden in kleine Stücke schneiden. Dann nach und nach jedes Gipsteil einzeln in das Wasser tauchen, fest auf das Glas drücken und glatt streichen. Auf diese Weise das Objekt mit zwei bis drei Schichten überziehen und auf einer Lage Alufolie trocknen lassen.

Variation:
Vielleicht werden Sie dazu inspiriert, auch persönliche Dinge Ihres Kindes aus der Babyzeit als Erinnerungsstück zu gestalten. Das können die ersten Söckchen oder Schuhe, ein winziges Hemdchen oder der Schnuller sein. Hierzu wird Gips in eher flüssigem Zustand verwendet. Das Kind taucht den Gegenstand hinein, lässt das Teil etwas abtropfen und an der Luft trocknen. So lange das Objekt noch nicht ganz durchgetrocknet ist, lassen sich weiche Teile noch in Form bringen.

Formen mit Knete & Co

Kaum eine andere Tätigkeit verschafft dem Kind größere innere Befriedigung als das Spielen und Experimentieren mit Materialien, die sich verformen lassen und aus denen sich etwas herstellen lässt. Wer einmal Kindern beim Plätzchenbacken zugeschaut hat, ahnt vielleicht, wie intensiv für sie das Erlebnis ist. Da wird der Teig gedrückt, geknetet und platt gemacht. Mit den Fingern werden Löcher hineingebohrt, Teile werden abgetrennt und wieder aneinandergeklebt. Und so ganz beiläufig wird das Kind entdecken, was es aus Teig alles machen kann. Vielleicht entsteht eine Rolle, wenn der Teig vor- und zurückbewegt wird, oder eine Kugel, wenn man ein wenig Teig in den Handflächen herumrollt.
Erst mit zunehmender Übung kann das Kind auch in die Höhe bauen. Berge und Sandburgen entstehen erst dann, wenn es immer mehr seine Geschicklichkeit trainieren konnte.
Knete ist das geeignete Material, um im Umgang mit Modelliermassen vertraut zu werden. Später kommen andere Materialien dazu: Sandkleistermasse, selbst hergestellter Teig, der an der Luft trocknen kann oder auch Ton.

Für das Experimentieren mit Ton gilt ganz besonders: Bei kleinen Kindern steht das Vertrautwerden mit dem Unbekannten, das reine Ausprobieren im Vordergrund. Drängen Sie das Kind nicht zu einem Ergebnis! Erwarten Sie keine vorzeigbaren Produkte! Erst nach vielen wiederholten Übungen wird das Kind seiner Arbeit einen Namen geben: die Rolle wird zur Wurst oder zur Schlange, das flach gedrückte Teil zum Pfannkuchen. Manchmal wechseln auch die Bezeichnungen bei ein und demselben Teil – ein Zeichen für das Ausprobieren und Suchen.

Erst wenn die Hände genug Tast- und Greifübungen mit Knete oder Teig gemacht haben, können auch weitere Hilfsmittel zum Einsatz kommen: Nudelholz, Kartoffelpresse, kleiner Holzhammer, Holzstiele vom Eis oder auch Formen zum Ausstechen oder Einfüllen.

Knete selbst gemacht

Selbst hergestellte Knete ist ideal für kleine Kinderhände, da sie sehr weich und elastisch und damit gut zu formen ist. In Gläsern mit Schraubverschluss bleibt sie mehrere Monate haltbar.

Für 1 kg fertige Masse benötigen Sie:
400 g Mehl, 200 g Salz, 10 g Alaunpulver (aus der Apotheke), ½ l Wasser, 3 El Speiseöl, 1 El Lebensmittelfarbe, Schüssel, elektrisches Rührgerät.

So wird's gemacht:
Mehl und Salz in die Schüssel geben und miteinander vermischen. Dann das Wasser zum Kochen bringen, Alaun darin auflösen und wieder abkühlen lassen. Die Wasser-Alaunmischung zu dem Mehl in die Schüssel gießen, das Öl und die Farbe dazu geben und mit dem Rührgerät kräftig durchkneten. Zum Schluss mit der Hand noch einmal kneten, dabei noch soviel Mehl oder Wasser hinzufügen, dass die Knete fest, aber auch noch geschmeidig genug ist zum Spielen für kleine Kinderhände.

Spielteig für die Jüngsten

Die Zutaten für einen Teig nur zum Spielen finden sich in jedem Haushalt. Im Handumdrehen ist er zusammengemixt und ist einfach ideal für kleine Bäcker. Sie können den Teig nach Herzenslust bearbeiten, zusammendrücken, verkneten und alles Mögliche daraus formen. Selbst, wenn die Kleinen etwas davon naschen, richtet das keinen Schaden an. Er lässt sich verarbeiten wie „richtiger" Teig. Die Kinder können ihn mit dem Nudelholz ausrollen und mit Ausstechförmchen Plätzchen herstellen. Diese werden dann im Ofen gebacken oder können auch ein paar Tage an der Luft trocknen. Die fertigen Teile sind dann so fest, dass sie sich gut zum Dekorieren oder Spielen in der Puppenecke oder im Kaufladen eignen.

Das brauchen Sie:
400 g Mehl, ¼ l Wasser, 3 Esslöffel Öl, Schüssel, elektrisches Handrührgerät.

So wird's gemacht:
Das Mehl mit dem Wasser und dem Öl in die Schüssel geben und mit dem Rührgerät durchkneten. Zum Schluss den Teig noch einmal mit den Händen kneten, dabei evtl. noch etwas Mehl oder Wasser zugeben, bis der Teig die richtige Konsistenz hat.

Sterne und Kringel

Was gibt es für kleine Kinder Schöneres, als das Gleiche zu tun wie die Großen. Sie beobachten, wie ihre Mutter hin und wieder Kuchen und Gebäck verziert und dazu spezielle Geräte benutzt. Nicht jede Situation ist jedoch geeignet, das Kind direkt mit einzubeziehen. Eine cremige

Masse, die sich gut eignet zum Einfüllen und Formen mit dem Spritzbeutel, ist jedoch im Handumdrehen zusammen gemixt.

Das brauchen Sie:
175 g Mehl, ⅛ l Wasser, 2 Esslöffel Öl, Schüssel, elektrisches Handrührgerät.

So wird's gemacht:
Mehl, Wasser und Öl in die Schüssel geben und mit dem Handrührgerät zu einer cremigen Masse verrühren.

Spielanregungen:
Die Kinder können bei allen Arbeitsgängen mithelfen. Ein Kind kann das Mehl in die Schüssel geben, ein anderes das Wasser hinzufügen, ein weiteres hält den Mixer. Ist die Masse fertig, wird sie in Spritzbeutel mit verschiedenen Tüllen gefüllt. Sicher ist es gut, wenn ein Erwachsener dabei hilft. Einer hält die Spritztüte, der andere drückt die Muster heraus und umgekehrt. Für die jüngeren Kinder eignen sich besser kleine Plastikspritzgeräte mit zwei Griffen, in denen die Creme herunter gedrückt wird.

Die fertige Dekoration kann ein bis zwei Tage an der Luft trocknen und dann als Spielzeug im Kaufladen oder in der Puppenstube weiter verwendet werden.

Süßer Kuchenteig

Das brauchen Sie:
400 g Mehl, 200 g Quark, 8 El Öl, 6 El Milch, 4 El Zucker, 1 Ei , 1 Päckchen Backpulver, Schüssel, elektrisches Handrührgerät.

So wird's gemacht:
Quark, Öl, Milch, Zucker und das Ei in die Schüssel geben und miteinander verrühren. ²/₃ des Mehls mit dem Backpulver vermischen und nach und nach unter die Quark-Öl-Masse geben. Das restliche Mehl mit den Händen unterkneten.

Lollies aus Kuchenteig

Das brauchen Sie:
Kuchenteig (Rezept s. o.), Holzstäbchen (gibt es zum Umrühren von Getränken in Fast-Food-Restaurants, Imbissketten oder Cafeterias; fragen Sie danach!), zum Verzieren: Zucker- oder Schokoglasur, Smarties, Schokostreusel oder andere Dekoartikel aus der Backabteilung.

So wird's gemacht:
Jedes Kind erhält soviel von dem Kuchenteig, wie es mit seinen Händen zur Kugel formen kann. Diese wird dann flach gedrückt und auf ein mit Backtrennpapier ausgelegtes Backblech gesetzt. In diese flachen Taler werden die Hölzchen gesteckt. Dann wird das Gebäck in den Ofen geschoben und bei mittlerer Hitze ca. 15 Minuten lang gebacken. Nach dem Auskühlen können die Kinder die Lollies verzieren.

Igelbrötchen

Aus Quark-Ölteig (Rezept s. o.) können leckere Igelbrötchen gebacken werden. Die Kinder erhalten soviel Teig, wie sie mit ihren Händen fassen können. Daraus formen sie zuerst eine Kugel. Durch hin- und herrollen entsteht eine längliche, ovale Form, die vorne zur Igelschnauze und hinten zum Schwanz spitz auslaufen sollte. Die Stacheln werden am besten von einem Erwachsenen gemacht, indem er mit einer sauberen spitzen Schere mehrmals in den oberen Teil des Igelkörpers hineinschneidet. Nun können die Kinder noch zwei Rosinen in den Kopf drücken. Backzeit: etwa 20–25 Minuten bei mittlerer Hitze.

Streuselkuchen

Das Backen von Streuselkuchen ist so einfach, dass auch schon kleine Kinder in alle Arbeitsgänge miteinbezogen werden können. Besonderen Spaß macht es meist den Kleinen, die Streusel herzustellen und sie über dem Teig zu verteilen.

Das brauchen Sie:
Kuchenteig (Rezept s. o.), für die Streusel: 300 g Mehl, 150 g Zucker, 150 g Butter.

So wird's gemacht:
Den Teig ausrollen und auf ein mit Backtrennpapier ausgelegtes Backblech legen. Streusel herstellen:
Mehl und Zucker in eine Schüssel geben, die Butter in Flöckchen darüber. Alles mit den Händen miteinander vermengen. Etwas flüssige Butter über dem Teig verteilen und die Streusel darüberstreuen. Bei mittlerer Hitze ca. 20–25 Minuten backen (Ergibt zwei Bleche von mittlerer Größe).

Bäckermeister Kneter hat viel zu tun – eine Mitmachgeschichte

Die Kinder sitzen im Stuhlkreis. Auf einem Teller liegen einige mundgerecht zugeschnittene Stückchen Streuselkuchen. Sicher wollen die

Kinder den Kuchen sofort verspeisen. Doch zuvor gibt es erst noch eine Geschichte zum Anhören und Mitmachen. Erzählen Sie den Kindern, dass Sie heute alle zusammen Bäckermeister Kneter besuchen und ihm beim Kuchenbacken helfen wollen.

„Es ist früh am Morgen. Der Wecker klingelt (rrrrrrr – klingelingeling). Im Haus von Bäckermeister Kneter rührt sich was: Der Bäcker höchstpersönlich macht sich auf die Socken (mit den Füßen scharren und auf der Stelle laufen). Wo will er hin? Natürlich in seine Backstube! Denn heute hat er viel zu tun: Brötchen backen (mit den Händen formen), große Brote backen (andeuten), kleine Kekse backen (mit Daumen und Zeigefinger darstellen) und natürlich: Kuchen backen! Ob wir ihm dabei helfen können?
Was brauchen wir denn alles zum Kuchenbacken? Eine große Schüssel (mit den Armen eine Schüssel darstellen). Und was kommt da nun in die Schüssel hinein? Richtig: Mehl, Zucker, Butter und Eier. Jetzt müssen wir

zuerst alles kräftig miteinander vermischen (in der Luft rühren). Damit aus all den guten Sachen auch ein richtiger Kuchenteig werden kann, müssen wir natürlich auch noch kräftig kneten (mit den Händen kneten). So, und dieser dicke Teigklumpen soll jetzt, so wie er ist, in den Backofen? „Halt!", ruft Bäckermeister Kneter, so geht das nicht. Und er schüttelt mit dem Kopf (wie benannt). „Um Himmels willen! Das kann doch nichts werden! Der Teig muss doch zuerst schön flach und glatt gemacht werden, damit er auf das Kuchenblech passt!" Dabei wollen wir ihm natürlich wieder helfen. Wir holen die Kuchenrolle und los geht's: Vor und zurück, vor und zurück, nach allen Seiten hin und her (entsprechende Bewegungen machen). Endlich ist Bäckermeister Kneter zufrieden. Der ausgerollte Kuchenteig kommt auf das Backblech. Noch Zuckerstreusel darüber krümeln (mit den Fingern andeuten) und ab geht's in den Backofen!

Und wir? Wir müssen nun eine Weile warten, bis der Kuchen fertig gebacken ist (gemütlich hinsetzen, Arme verschränken). Ganz gemütlich warm wird es hier, vom Ofen riecht es schon so gut, hm ... (schnuppern). Und hin und wieder können wir einmal durch das Fenster des Backofens schauen (Hand über die Augen legen, schauen). Am Anfang ist der Kuchen noch ganz platt (mit Daumen und Zeigefinger andeuten), dann geht er langsam in die Höhe (mit beiden Händen andeuten), und schon ist der Kuchen fertig!

Bäcker Kneter zieht das Backblech aus dem Ofen heraus. Das ist so heiß, dass er dicke Handschuhe an den Händen tragen muss. Hm, wie das durch die Backstube duftet!

Und wir? Wir müssen noch mal ein kleines Weilchen warten, bis der Kuchen nicht mehr so heiß ist. Dann wird er in kleine Stücke geschnitten und nun: (Kinder ergänzen, was nun geschieht) können wir uns den Kuchen schmecken lassen – Hm, schmeckt das aber gut!"

Eins, zwei, drei, kleine Bäcker kommt herbei!

Text: Eva Reuys, Musik: Hanne Viehoff

Eins, zwei, drei ...
Mehl und Milch und Eier, Zucker
Und ein wenig von der Butter.
Eins, zwei, drei, kommt alle jetzt herbei.

Eins, zwei, drei ...
Wir, die Bäcker hier im Haus,
kneten einen Teig daraus.
Eins, zwei, drei, kommt alle jetzt herbei.

Eins, zwei, drei ...
Kommt er in den Ofen rein
Wird er bald gebacken sein.
Eins, zwei, drei, kommt alle jetzt herbei.

Eins, zwei, drei ...
Weil der Kuchen schmeckt so lecker,
sind wir alle stolze Bäcker.
Eins, zwei, drei, kommt alle jetzt herbei.

Experimentieren mit Ton

Kaum eine andere Masse befriedigt das Grundbedürfnis des Kindes nach Matschen und im Dreck Wühlen so sehr wie das Spielen mit Wasser und Erde. Ton fordert zu größerem Krafteinsatz auf, er muss erst weich bearbeitet werden, bis er geschmeidig genug ist. So werden neben der Geschicklichkeit der Hände auch viele grobmotorische Fähigkeiten trainiert. Beim Stemmen, Drücken, Pressen, Stampfen oder Klopfen ist der ganze Körper im Einsatz. Und hat das Kind erst einmal seine Scheu gegenüber dem fremden Material abgelegt, ist es oft nicht mehr zu bremsen. Gerade die überaktiven, sehr lebhaften Kinder finden im Umgang mit Ton eine Möglichkeit, angestaute Kräfte zu kanalisieren. Aber auch die eher Stillen, Zurückhaltenden entwickeln oft erstaunliche Energien und sind wie verwandelt.

Freies Gestalten mit Ton in der Wanne

Ein Klumpen Ton wird in einer Wanne mit Wasser bedeckt und einige Tage eingeweicht, bis er weich, matschig und etwas glitschig ist. Dann gießt man das überschüssige Wasser ab.
Anfangs brauchen die Kinder noch kein Werkzeug. Sie sollten vor allem über die Hände Kontakt mit dem Ton aufnehmen: mit der ganzen Hand über das Material streichen, gegen den Tonklumpen patschen, ihn mit beiden Händen drücken, quetschen und kneten; die Faust hinein stopfen oder fest darauf klopfen; mit den Fingern Löcher und Gräben hineinbohren; Straßen anlegen und diese mit dem Finger nachfahren; kleine Teile von dem großen Klumpen abtrennen und an anderer Stelle wieder ansetzen oder auch etwas von dem Ton nehmen und in der eigenen Hand formen.

Unterstützen Sie das Tun der Kinder, ermutigen Sie dazu, das Material mit allen Sinnen zu erfassen: daran zu schnuppern, um den erdigen Geruch wahrzunehmen, mit Augen und Händen die Farbe und Beschaffenheit zu begreifen oder vielleicht sogar auszuprobieren, wie das schmeckt.

Erst später können einige wenige Hilfsmittel dazu anregen, Neues mit dem Material auszuprobieren: Holzbrettchen, Plastikmesser, Gummihammer oder Teigroller, verschiedene Hölzchen, Holzdübel, Steinchen, oder größere Muggelsteine zum Hineindrücken.

Versteckte Schätze im Berg

Stecken Sie an allen möglichen Stellen verschieden große und farbige Glasmurmeln in einen eingeweichten Tonklumpen. Nach außen hin wird er wieder glatt gestrichen, wobei die Kinder ruhig auch schon mithelfen können, das wird die Freude am späteren Suchen nicht beeinträchtigen! Wenn alles gut abgedeckt und nichts mehr von den Murmeln zu sehen ist, machen sich die Kinder auf die Suche: Nun wird der Berg nach allen Regeln der Kunst bearbeitet und auseinandergenommen. Wer hat die erste Murmel gefunden? Das spornt an, weiter zu suchen, solange, bis alle Murmeln gefunden wurden. Ein anderes Mal kann ein Plastikdöschen vom Überraschungsei, gefüllt mit Gummibärchen, tief im Tonberg versteckt werden.

Kritzeln, Klecksen, Farbenspiele

Schon im zweiten Lebensjahr beginnt das Kind, sich zeichnerisch auszudrücken. Geben Sie ihm einen Stift oder ein Stück Kreide, so wird es ohne Umschweife an der nächsten sich bietenden Fläche zu kritzeln beginnen. Das kann die Zimmerwand oder die Schranktür sein. Deshalb ist es sinnvoll, bereits das Kleinkind mit Papier, Stiften, Pinsel und Farben vertraut zu machen.

Aus den ersten Kritzelbildern lassen sich erst ab ca. 3 Jahren verschiedene Formen herauslesen: Knäuel, Kreis, Spirale, Kreuz oder Zickzackformen. Bis zur Darstellung des Menschen mit Kopf, Rumpf, Armen und Beinen ist es noch ein langer Weg. Das Kind zeichnet, was es sieht und was ihm emotional wichtig ist: zwei Punkte und ein Strich – „Das ist der Opa!", verkündet es stolz. Hat es doch gerade Opas Augen entdeckt. Kopffüßler entstehen, wenn das Kind schon etwas differenzierter beobachtet hat.

Im Umgang mit Farben und Pinsel braucht das kleine Kind Zeit, mit den Dingen vertraut zu werden. Alles, was mit Fingern und Händen direkt auf dem Papier verteilt werden kann, kommt anfangs dem kindlichen Bedürfnis nach Schmieren und Experimentieren entgegen. Erst später sind auch breite Borstenpinsel, Schwämme, Tücher oder Bürsten Werkzeuge, die zu weiteren kreativen Ideen anregen. Anfangs ist es ausreichend, die Farbpalette auf wenige Farben zu begrenzen. Aus den Grundfarben Rot, Gelb und Blau lassen sich alle weiteren Farben mischen.

Alle meine Fingerlein wollen einmal Farben sein

Alle meine Fingerlein
wollen einmal Farben sein.

Daumen, der ist dick und blau
wie der Himmel, den ich schau.

Zeigefinger, der ist gelb bemalt,
wie die Sonne, die heut strahlt.

Mittelfinger mit dem Sonnenhut,
der ist rot, das steht ihm gut.

Ringfinger hat die Farbe Grün,
wie das Gras, wo Blumen blühn.

Und das kleine Fingerlein
ruft: „Ins Wasser jetzt hinein!"

Alle meine Fingerlein
wollen wieder sauber sein,

springen nun ins kühle Nass:
„Kinder, ist das heut ein Spaß!"

Das Fingerspiel wird nach der bekannten Melodie von „Alle meine Fingerlein, wollen einmal Tierlein sein" gesungen.

Spielanregung:
Die Kinder tauchen zuerst die Finger in die entsprechenden Fingerfarben. Beim Sprechen oder Singen werden die Finger nun einzeln kurz bewegt. Zum Schluss landen alle bunten Finger in einer kleinen Schüssel mit Wasser. Welche Farbe entsteht jetzt im Wasser? (meist Grau oder Braun)
Mit einem bereit liegenden Lappen werden die Hände kurz abgetrocknet, bevor es zum richtigen Waschen in den Waschraum geht.

Das kleine Rot und das kleine Blau gehen spazieren – eine Geschichte

Das kleine Rot hat heute große Lust spazieren zu gehen. Aber allein? Das macht doch gar keinen Spaß! Was tun? „Ich will das kleine Blau fragen. Vielleicht will es ja mit mir gehen." Das kleine Blau will auch spazieren gehen und so gehen sie nun zu zweit los.
Auf ihrem Weg treffen sie viele Freunde: den roten und den blauen Legostein aus der Spielzeugkiste, die rote und die blaue Knete vom Regal, das rote Eimerchen aus dem Sandkasten und das blaue Bobby-Car aus dem Schuppen. Aber das kleine Rot und das kleine Blau sagen nur „Hallo!" und marschieren weiter.
Die Sonne lacht vom Himmel. Überall spielen Kinder und die Enten schwimmen im Teich.
Nach einer Weile sagt das kleine Rot zum kleinen Blau: „Mir tun jetzt langsam die Beine weh. Und ich bin ziemlich müde." Und das kleine Blau sagt: „Ja, mir tun auch längst die Beine weh. Und ziemlich müde bin ich auch."
So machen sie sich wieder auf den Heimweg und gehen nach Hause.
Vor der Haustür sagen sie sich beide „Auf Wiedersehen!" Dann nimmt das kleine Rot das kleine Blau ganz fest in die Arme.

Doch was ist das? Als das kleine Rot sich selbst anschaut, da sieht es, dass es zu einer anderen Farbe geworden ist! Und auch das kleine Blau hat seine Farbe verändert. Und wie sie sich beide anschauen, da sehen sie, dass sie nun die gleiche Farbe haben! Na, so was!
Vielleicht weiß jemand von euch, welche Farbe das ist, wenn Rot und Blau sich mischen? Richtig! Das ist die Farbe Lila.

Fingerspaziergang

Die Kinder tauchen den Zeigefinger der einen Hand in ein Schälchen mit roter Fingerfarbe und den Zeigefinger der anderen Hand in eines mit blauer Fingerfarbe. Nun kann's gleich losgehen: Auf einem weißen Blatt Papier können die Finger herumspazieren. Wenn die Farben nachlassen, werden die Finger einfach wieder neu in die Farbe getaucht, solange, bis die Finger ihren Spaziergang beendet haben. Soll, so wie in der Geschichte, die Farbe Lila entstehen, werden beide Farben an einer Stelle miteinander vermischt, oder es wird ein drittes Schälchen mit lila Fingerfarbe bereitgestellt. Größere Kinder können versuchen, mit Zeige- und Mittelfinger spazieren zu gehen, das erfordert schon viel Geschicklichkeit. Lustig sieht es aus, wenn die Punkte nach dem Trocknen Gesichter oder kleine Beinchen bekommen. Einfach mit einem schwarzen Filzstift ergänzen!

Möhrenbrei und Heidelbeeren – Farben selber machen

Kindern ist es bestens vertraut, dass ein verkleckerter Möhrenbrei einen Farbfleck auf der Tischdecke hinterlässt oder Heidelbeeren Zunge und Zähne blau machen. Warum nicht auch einmal Farben aus Obst oder Gemüsesäften selbst herstellen? Sie sind zwar in ihrer Leuchtkraft nicht so intensiv wie fertige Farben, dafür aber in ihrer Wirkung harmonischer.

Gehen Sie mit Ihrem Kind auf Entdeckungsreise! Sammeln Sie das, was Ihnen zum Herstellen der Farben geeignet erscheint und experimentieren Sie! Sie werden staunen über die Vielfalt, die uns die Natur an Farben schenkt!

Das brauchen Sie:
1 Päckchen Tortenguss oder 1 Esslöffel Speisestärke, ¼ Liter Saft zum Einfärben, Topf, Schneebesen.

So wird's gemacht:
Den Tortenguss oder die Speisestärke in die kalte Flüssigkeit einrühren. Unter Rühren zum Kochen bringen und wieder abkühlen lassen. Die Farben einzeln in Gläser mit Schraubverschluss füllen.

Anregungen für Farbmischungen:

Gelb	:	Safran oder konzentrierter Kamillentee
Orange	:	Möhrensaft, Currypulver
Rot	:	Rote Beete-, Sauerkirsch-, Himbeer- oder schwarzer Johannisbeersaft
Blau	:	Heidelbeersaft
Violett	:	Holundersaft oder Mischung aus Heidelbeersaft mit einem roten Saft
Grün	:	Saft vom Tiefkühlspinat
Braun	:	konzentrierter schwarzer Tee

Malerkittel

Häufig werden ausrangierte Oberhemden zu Malerkitteln umfunktioniert. Diese sind jedoch für kleine Kinder viel zu groß! Dieses Modell ist schnell genäht und passt Kindern im Alter von zwei bis drei Jahren (Größe

86–104). Tipp: Nehmen Sie gut erhaltene und gewaschene Bettlaken! Dann sind die Kittel besonders preiswert. Zudem können sie von den Kindern bemalt werden, das gibt ihnen eine individuelle Note.

Das brauchen Sie:
90 cm Baumwollstoff, 90 cm breit, 5 cm farblich passenden Klettverschluss.

So wird's gemacht:
Den Stoff längs falten und den Kittel so zuschneiden, wie im Schnittmuster angegeben. Den Halsausschnitt mit dem Öffnungsschlitz mit Zickzackstich versäubern, nach links bügeln und schmalkantig absteppen. Den Klettverschluss links und rechts neben dem Schlitz annähen. Die Ärmelnähte auf links zusammennähen und mit Zickzackstich versäubern. Die Säume an den Ärmeln (Webkante) 2 cm nach links bügeln und absteppen. Den Saum am unteren Kittel zuerst mit Zickzackstich versäubern, dann 2 cm nach links bügeln und absteppen. Den Kittel auf rechts wenden, Nähte und Säume ausbügeln.

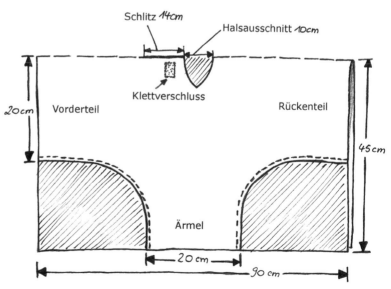

Einfache Maltechniken für Kinder

Malen mit zwei Händen

Gerade die Kleinsten sind hier mit Lust bei der Sache. Gemalt wird auf großen Papierbögen, die auf dem Boden ausgebreitet werden. So können die Kinder sich beim Malen rund um das Papier bewegen und die Haltung einnehmen, die ihnen am besten gefällt. Eine ausgeprägte Rechts- oder Linkshändigkeit ist in diesem Alter noch nicht vorhanden, deshalb ist es wichtig für die Kleinen, dass beide Hände und Arme gleichermaßen betätigt werden können.

Farben spritzen

Benötigt werden große Papierbögen oder auch eine lange Papierrolle, z. B. eine Tapetenrolle. Bevor die Kinder aktiv werden, ziehen sie alles, was nicht schmutzig werden darf, aus. Mit dicken Borstenpinseln spritzen sie verdünnte Dispersionsfarbe auf das Papier. Es wird nicht lange dauern, bis sich eine lebhafte Spritzerei zu entwickeln beginnt. Deshalb verlegen Sie diese Aktion bei sommerlichen Temperaturen am besten ins Freie. Ein gemeinsames Abduschen mit dem Gartenschlauch beendet die Spritzerei.

Tropfbilder

Die Kinder tropfen mit einer Pipette oder einem kleinen Plastikfläschchen verdünnte Seidenmalfarbe auf Japanpapier. Dabei sollten nur zwei Grundfarben verwendet werden, da die Farben sich sehr stark vermischen. Es entstehen wunderschöne, ausdrucksstarke Bilder. Wenn Sie diese nach dem Trocknen noch mit Speiseöl einstreichen, erhalten Sie leuchtende, transparente Bilder, ideal für Laternen oder für Fensterbilder.

Pustebilder

Die Kinder tropfen mit einem Pinsel möglichst dünnflüssige Farben auf ein Papier. Dann blasen sie kräftig in einen Strohhalm und pusten die Farbkleckse auseinander. Es entstehen Linien, Straßen, Bächlein; eine Farbe läuft in die andere. Zum Schluss ist das ganze Bild mit feinen, dünnen und dickeren Linien übersät.

Frühlingswiese

Mit der gleichen Technik wie oben beschrieben, kann das Bild einer Frühlingswiese entstehen. Die Kinder tropfen verschiedene Grüntöne auf das Papier und pusten die Kleckse auseinander. Nach dem Trocknen tupfen sie mit Rot, Gelb und Blau Blumen auf das Papier.

Schmetterlingszauberei

Festes Papier in der Mitte falten und wieder öffnen. Fingerfarbe oder Wasserfarbe in die Mitte des Blattes tropfen. Das Blatt zusammenklappen und darüberstreichen (vom Knick nach außen). Das Papier öffnen: Wir können einen wunderschönen Schmetterling bewundern. Nach dem Trocknen mit einem Stift Fühler anfügen.

Papierbatik

Zunächst wird mit Wachsmalfarben auf das Papier gekritzelt. Dann malt das Kind mit dünner Wasserfarbe über die Kritzel hinweg. An den mit Wachsmalstiften bemalten Stellen perlt die Wasserfarbe ab und es entstehen interessante Bilder.

Kritzelbilder mit Streifen

Das können schon die Kleinsten: Kreppband wird einfach kreuz und quer auf ein weißes Papier geklebt. Danach kritzeln die Kinder das Blatt mit Wachsmalkreiden voll. Zum Schluss werden die Kreppbandstreifen abgezogen – ein dekorativer Wechsel von bunten Flächen und weißen Streifen ist entstanden!
Es ist auch möglich, über die Klebebandstreifen mit Dispersions- oder Plakafarbe zu malen.

Malen mit Zuckerkreide

Bunte Tafelkreiden in Stücke brechen und ein paar Stunden lang in Zuckerwasser (3 Esslöffel Zucker auf eine Tasse warmes Wasser) einweichen. Durch den Zucker erhält die Kreide später eine leuchtende Farbe und haftet besser auf dem Untergrund. Richtig schön kommen die Farben zum Leuchten, wenn man auf schwarzem Tonpapier oder Fotokarton malt. Beim Malen sollte die Kreide immer wieder in die Lösung zurückgelegt werden. Sind die Bilder gemalt, brauchen sie eine Zeit, bis sie trocken sind. Die Kreide nach dem Malen aus der Zuckerlösung nehmen und auf Zeitungspapier trocknen.
Die Kreide ist wieder verwendbar und kann erneut eingeweicht werden.

Malen mit Gelfarbe

Das brauchen Sie:
Temperafarben, Haargel, kleine Behälter für jede Farbe, breite Pinsel, weißes oder farbiges Papier, Kamm mit breiten Zinken, Glitzerpartikel.

So wird's gemacht:
Einen Teil Farbe mit einem Teil Haargel in je einem Behälter mischen. Die Masse sollte die Konsistenz von dicker Fingerfarbe haben. Gemisch mit breitem Pinsel auf die gesamte Papierfläche auftragen. Mit dem Finger oder Kamm Linien und Muster in die Farbmasse ziehen.
Solange das Bild noch feucht ist, Glitzerpartikel auf das Bild streuen. Das Bild über Nacht trocknen lassen und unter ein dickes Buch oder einen anderen schweren Gegenstand legen, damit es schön flach wird. Sie können das Bild auch zwischen zwei Schichten Zeitungspapier mit einem Bügeleisen flach bügeln (Einstellung Wolle).

Murmelbild

Seht nur, was die Murmel kann!
Sie rollt und rollt in einem fort,
von einem Ort zum andern Ort.
Schaut einmal zu mir her:
Malen ist nicht schwer!

Das brauchen Sie:
Deckel einer Pappschachtel (Käseschachtel oder Schuhkarton), eine oder mehrere verschieden große Murmeln, Dispersions- oder Fingerfarben.

So wird's gemacht:
Die Kinder tupfen mit dem Finger Farbkleckse innen auf die Ränder der Schachtel. Dann geben sie eine Murmel in die Schachtel und lassen sie hin- und herkullern. Überall dort, wo die Murmel an den Rand stößt, taucht sie in die Farbe ein und hinterlässt beim Rollen bunte Spuren auf dem Pappdeckel. Sollen mehrere Bilder entstehen, so schneiden Sie Papier in der Größe des Pappkartons zu und legen es in den Deckel hinein. Besonders wirkungsvoll ist auch strukturiertes Tapetenpapier.

Tanzende Bälle

Bei dieser fröhlichen Aktion malen tanzende Bälle Linien und Muster auf leicht transparentem Untergrund. Ein gemeinsames Kunstwerk entsteht, das in einem Licht durchfluteten Raum, auf einer Wäscheleine hängend, voll zur Wirkung kommt.

Das brauchen Sie:
Reißfeste Malerabdeckplane (mattweiß), Acrylfarben, Tischtennisbälle oder Kugeln aus Styropor.

So wird's gemacht:
Schneiden Sie die Malerplane so zu, dass sich ein großer Kreis oder ein Quadrat ergibt. Die Größe richtet sich nach der Anzahl der teilnehmenden Personen.
Die Kinder verteilen auf der Malerplane Farbkleckse, bevor Sie die Bälle darauf geben. Gemeinsam mit den Erwachsenen halten die Kinder nun die Plane an den Rändern fest und bringen diese durch sanfte, lebhaftere und wieder ruhige Bewegungen zum Schwingen. Die Bälle rollen, hüpfen, tanzen, tauchen in die Farbe ein und hinterlassen auf dem Untergrund ihre Spuren. Tipp: Begleiten Sie diese Aktion mit Musik nach Ihrer Wahl.

Allerlei mit Papier

Schon früh erleben Kinder, dass Papier etwas ist, das ganz selbstverständlich zu unserem Leben dazu gehört. Es beobachtet uns beim Zeitung lesen, erkundet den Inhalt des Papierkorbes und erlebt, wie weiches Papier in Küche und Bad zum Reinigen oder zur Körperpflege benutzt wird. Und es registriert die unzähligen Möglichkeiten von Papier als Verpackungsmaterial in Form von Tüten, Schachteln und Kartons. So ist es naheliegend, Papier auch als Werkstoff zu benutzen, mit dem sich allerlei machen lässt. Die Möglichkeiten mit Papier zu experimentieren, sind schier unbegrenzt. Vieles kann das Kind selbst entdecken: Man kann Papier mit beiden Händen greifen und auseinander ziehen – dabei wird es feststellen, dass sich Papier zerreißen lässt. Man kann es zusammenknüllen, dann knistert und raschelt es sogar; kann es immer wieder zusammenlegen und falten oder auch mit Kleber miteinander verbinden. Und natürlich kann man mit Stiften und Kreiden Zeichen und Spuren auf Papier hinterlassen. Oder welch ein Spaß ist es, sich die Zeitung einfach über den Kopf zu ziehen und so für einen Augenblick „unsichtbar" zu sein!

In dieser Zeit des Ausprobierens macht das Kleinkind grundlegende Erfahrungen. Es lernt die Besonderheiten des Materials kennen und übt sich immer wieder in der Feinmotorik: mit der ganzen Hand greifen, etwas mit Daumen und Zeigefinger fassen, mit den Fingerkuppen ertasten, etwas festhalten und loslassen können, sowie die Verbindung von Augen- und Handbewegungen zu steuern.

Wenn das kleine Kind schon viele Sorten Papier „bearbeiten" durfte, dann ist auch irgendwann die Zeit reif für das erste geklebte Bild oder für eine kleine Faltarbeit.

Drucken und Stempeln

Fast jedes Kind kommt irgendwann selbst auf die Idee, seinen Finger in Farbe zu tauchen und einfach irgendwo abzudrucken. Dasselbe wird mit der ganzen Hand probiert – und schon ist der erste Druck entstanden! Das Faszinierende am Drucken ist, dass ein Stempel mehrmals hintereinander eine Spur auf dem Papier hinterlässt. Das motiviert zum Ausprobieren und Variieren.

Einmaldruck

Das Kind trägt mit einem breiten Borstenpinsel Fingerfarbe auf ein Küchenbrett aus Kunststoff auf. Anschließend kann es mit einem Kamm, einer Gabel oder einem breiten Hölzchen Spuren und Muster in die Farbe zeichnen. Auf einem zweiten Blatt Papier, welches darüber gelegt und fest angedrückt wird, zeichnet sich jetzt das gleiche Muster ab.

Drucken mit Schwämmen

Das können schon die Allerkleinsten: Grobe Schwämme werden in Fingerfarbe getaucht und auf einem weißen Papier mehrmals hintereinander abgedruckt. Zerschneiden Sie zuvor die Schwämme, damit sie gut in kleine Kinderhände passen!

Fadendruck

Auch diese Technik ist sehr einfach. Die Farbe wird in ein Schälchen gegeben. Nun ziehen die Kinder Bindfäden oder dickere Kordeln durch die Farbe und legen sie auf ein weißes Blatt Papier. Dabei können schöne wellenförmige Muster, Kreise und Kringel entstehen. Ein zweites Blatt wird darüber gelegt und mit der Hand fest angedrückt. So entsteht ein Abdruck, der das Muster der Fäden gut wiedergibt.

Schnurdruck

Um eine leere Papprolle z. B. vom Küchenpapier wird Paketschnur gewickelt und mit Alleskleber festgeklebt. So entsteht eine Druckwalze. Das Kind trägt nun Fingerfarbe auf ein Küchenbrettchen aus Kunststoff auf und rollt mit der Papprolle solange darüber, bis die Schnur überall die Farbe gut angenommen hat. Anschließend wird über ein weißes Papier hin- und hergerollt – ein schönes buntes Muster mit Linien ist entstanden!

Drucken mit Obstnetzen

Exotische Früchte wie Papaya und Mango werden häufig einzeln in einem weichen, weißen Netz zum Verkauf angeboten. Mit diesen Netzen kann man interessante Muster drucken. Das Kind taucht das Netz in Farbe, die auf einen flachen Teller gegeben wurde und drückt es auf weißem Papier mehrmals ab. Eine „Druckwalze" entsteht, wenn sie einen ca. 30 cm breiten Streifen Wellpappe zusammenrollen und das Netz straff darüber ziehen.

Stempel aus Styropor

Verpackungsmaterial aus Styropor ist gut geeignet, um daraus die interessantesten Stempel herzustellen. Mit dem Küchenmesser zerschneiden Sie das Styropor in handliche Stücke. Die Kinder tauchen die Styroporstempel in Dispersionsfarbe und drucken sie auf weißem Zeichenkarton ab. Grobporiges Material hinterlässt dabei besonders schöne Muster.

Stempel aus Wellpappe

Ein 10 cm breiter und 20 cm langer Streifen Wellpappe wird zusammengerollt und mit Klebeband umwickelt. Dies ergibt einen idealen Stempel auch schon für die Kleinsten. Das flache Ende wird nun in Farbe getaucht und auf weißem Papier abgedruckt. Es entstehen spiralförmige Muster, die an Blüten erinnern.

Moosgummistempel

Die Stempel sollten von Erwachsenen vorbereitet werden. Das Drucken übernehmen dann die Kinder. Die Suche nach einer geeigneten Form können Ihnen Ausstechförmchen erleichtern. Die gewünschte Form auf das Moosgummi aufzeichnen und mit einer spitzen Schere ausschneiden, dann auf eine leere Dose oder einen Holzklotz kleben. Dieser Stempel ist lange haltbar und kann für viele dekorative Ideen verwendet werden.

Reißen und Schneiden

Es ist gar nicht so einfach für ein kleines Kind, Papier mit der Schere zu bearbeiten. Deshalb ist Reißen eine gute Sache. Aus Papierschnipseln lässt sich schon eine ganze Menge machen. Aber irgendwann wird das Kind einfach den Drang verspüren, mit der Schere hantieren zu wollen. Dabei nimmt es anfangs die Schere noch in beide Hände und schneidet vom Rand aus in das Blatt hinein, dies oft mehrmals hintereinander. Malen Sie mit einem dicken Filzstift eine Linie auf ein Blatt Papier und lassen Sie das Kind mit der Schere dort entlangfahren. Halten Sie ihm das Blatt hin, das erleichtert dem kleinen Kind die Konzentration auf den Vorgang!
Bei kleinen Bastelarbeiten aus Papier können Sie die Kinder in alles mit einbeziehen: die Farbe des Papiers aussuchen, das Papier halten, wenn Sie etwas darauf markieren und wenn Sie zu schneiden beginnen. Dies wird Ihr Kind motivieren, es auch selbst zu versuchen. Lassen Sie es zu – auch wenn das Ergebnis nicht ganz so perfekt ausfällt, oder wenn es länger dauert! Bei kleinen Faltsachen können Sie sich abwechseln: Mal hält das Kind das Teil und Sie falten den Bruch – oder umgekehrt. Wenn es sich um ein Teil zur Dekoration des Kinderzimmers oder des Gruppenraumes handelt, dann überlegen Sie mit Ihrem Kind, wo dies aufgehängt werden könnte. Räumen Sie zum Schluss gemeinsam auf!

Allerlei Papier in der Kiste

Füllen Sie eine große Kiste mit allerlei Papierresten wie Tapeten-, Pergament- und Seidenpapier, Einwickelpapier von Bonbons oder anderen Süßwaren, Kartonstreifen, Reste von Wellpappe, Tortenspitzendeckchen. Damit lässt sich vieles anfangen: Man kann mit den Händen im Papierhaufen wühlen und es knistern und rascheln hören. Auch macht es Spaß, das Papier zu knüllen, es in Stücke zu reißen, Schneebälle daraus zu formen oder Papierschnipsel schneien zu lassen.

Schnipseldose

In eine durchsichtige, verschließbare Plastikdose werden viele kleine, bunte Schnipsel gegeben. Die Dose lässt sich schütteln, auf den Kopf stellen oder hin- und herschwenken.

Konfettibilder

Die Kinder verstreichen Bastelkleber auf einem schwarzen Fotokarton. Dann streuen sie aus einer Tüte Konfetti über dem Bild aus. Nach einer kurzen Zeit des Trocknens wird das überschüssige Konfetti entfernt. Entweder wird das Bild schräg gehalten – dann kann das Konfetti herunterrieseln und in einem Plastikschälchen aufgefangen werden – oder die Kinder veranstalten eine Pusteaktion und blasen das Konfetti ab. Natürlich können die Kinder auch Konfetti selbst machen: mit dem Locher viele, viele Löcher in Buntpapier drücken und das herausfallende Konfetti in einem Schälchen auffangen. Auf die Weise lassen sich alle möglichen Reste an Buntpapieren noch verwerten!

Winterlandschaft

Zuerst betätigen die Kinder die „Schneemaschine": Aus unbedrucktem Schreibpapier werden mit dem Locher viele kleine, runde Schneeflocken fabriziert. Natürlich wird für eine Winterlandschaft viel Schnee gebraucht, also muss die Schneemaschine ziemlich lange im Einsatz sein. Auf blauem Tonpapier wird nun Bastelkleber verteilt: Am unteren Rand wird er breitflächig verstrichen – dort entsteht die Landschaft mit Bergen und Tälern. Im oberen Teil wird die Tube immer wieder nur aufgetupft – hier werden dann die Schneeflocken verstreut. Nach einer kurzen Zeit des Trocknens überschüssige Schneeflocken entfernen.

Sonne, Mond und Sterne – ein Fensterbild

Das brauchen Sie:
Kleister, Seidenpapier in Gelb und Orange.

So wird's gemacht:
Das können schon die Kleinsten: Seidenpapier zerreißen, und die Schnipsel in Plastikschälchen füllen. Tragen Sie mit dem Finger den Kleister auf und malen Sie Sonne, Mond und Sterne auf die Fensterscheibe. Ihr Kind kann helfen, die Formen ganz mit Kleister auszufüllen. Danach werden gemeinsam die Schnipsel daraufgeklebt. Mit Wasser und Schwamm lässt sich alles leicht wieder entfernen. Wer nicht direkt auf das Fenster kleistern will, schneidet aus weißem Transparentpapier die Formen aus, kleistert diese ein und klebt sie auf die Fensterscheibe.

Mosaikteller

Das brauchen Sie:
Pappteller, Tapetenkleister, Pinsel, Buntpapier und Goldfolienreste.

So wird's gemacht:
Tapetenkleister nach Packungsbeilage anrühren, Buntpapier und Goldfolie in kleine Stücke reißen, Pappteller mit Kleister einstreichen und je nach Phantasie bekleben.

Wir stellen uns vor – eine Photo-Collage

Zu Beginn eines Jahres stellen sich die Mitarbeiter und Kinder mit einem Foto von sich vor. Damit ein Plakat mit Fotos darauf allseitige Beachtung findet, sollte es ansprechend gestaltet sein. Bei der Herstellung können die Kinder aktiv einbezogen werden.

Das brauchen Sie:
Großes Plakat, Papierreste (Geschenkpapier, Tapetenpapier mit unterschiedlichen Mustern, Tortendeckchen), Glitter, Kleister, breite Pinsel, Porträtaufnahmen der Kinder oder Mitarbeiter.

So wird's gemacht:
Porträtaufnahmen über das Plakat verteilen und mit Kleister fixieren. Die Kinder reißen kleine und größere Schnipsel vom Papier und bekleben damit die freie Fläche. Zum Schluss wird noch da und dort etwas Kleister aufgetragen und Glitter darüber gestreut. Nach dem Trocknen Plakat von hinten flach bügeln.

Mobile für das Kinderzimmer

Das brauchen Sie:
Farbiges Tonpapier, Schere, Bleistift, Nylonfaden, Heftzwecke.

So wird's gemacht:
Zeichnen Sie auf das Tonpapier einen Kreis von ca. 30 cm Durchmesser. Beginnen Sie nun von außen nach innen eine Spirale zu schneiden, Abstand zum Rand etwa 1 ½ bis 2 cm. Zum Schluss wird der Nylonfaden in das innere Ende eingezogen und das Ganze mit der Heftzwecke an der Zimmerdecke befestigt. Besonders gut kommt die Spirale zur Geltung, wenn sie über der Heizung hängt. Dann dreht sie sich, angetrieben durch die warme Luft, wie ein Kreisel. Und wenn er zuvor von den Kindern mit Kleber betupft und mit Glimmer bestreut wurde, glitzert er bei jedem Windhauch.

Fransengirlande

Eine Rolle Krepppapier wird soweit auseinandergelegt, dass man davon ca. 40 cm breite Streifen abschneiden kann. Die einzelnen Streifen werden nun vollständig ausgerollt und der Länge nach gefaltet. Die Kinder schneiden dann von der offenen Seite her immer wieder bis zur Hälfte ein. Es macht auch nichts, wenn vor lauter Eifer die Schere einmal alles durchtrennt. Einfach die Teile wieder zusammenkleben! Zum Schluss werden ohnehin alle Fransenstreifen zusammengeklebt. Besonders hübsch sieht es aus, wenn beim Aufhängen die Girlande noch zusätzlich mehrmals gedreht wird.

Gänseblümchengirlande

Auf weißes Tonpapier wird ein Kreis von ca. 15 cm Durchmesser gezeichnet und in diesen ein innerer Kreis von ca. 7 cm. Schneiden Sie nun am äußeren Rand entlang den Kreis aus. Das Kind schneidet dann mit der Bastelschere vom äußeren Rand bis zur inneren Markierung immer wieder ein, solange, bis der ganze äußere Kreis eingeschnitten ist. Dies sind die Blütenblätter des Gänseblümchens. Mit gelber Fingerfarbe tupft es nun mehrmals in den mittleren Kreis. Mehrere Gänseblümchen auf ein grünes Satinband geklebt, ergeben eine schöne Blumengirlande. Diese können Sie an der Decke befestigen und herabbaumeln lassen oder auch als Fensterschmuck vor das Fenster hängen.

Blumen aus Backpapierförmchen

Backförmchen aus Papier lassen sich zu hübschen Blüten verwandeln. Als kleinere Variante sind auch Pralinenförmchen aus Papier geeignet. Die Förmchen werden außen am Boden mit etwas Kleber bestrichen und auf ein grünes Tonpapier geklebt, dabei den äußeren Rand der Förmchen etwas flach drücken. Die Kinder reißen aus gelbem Seidenpapier Schnipsel, knüllen diese zu kleinen Kügelchen und kleben sie in das Innere der Förmchen. Viele Blüten auf ein grünes Tonpapier geklebt, ergeben eine Blumenwiese.

Faltpüppchen

Falten Sie einen Streifen Papier wie eine Ziehharmonika auf. An die geschlossene Seite zeichnen Sie nun die Hälfte der Puppenform so auf, dass die Hände an der gegenüberliegenden Seite anstoßen. Wenn die Form ausgeschnitten ist und die Ziehharmonika auseinander gefaltet wird, entsteht eine Reihe

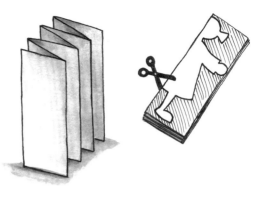

von weiteren Püppchen, die sich an den Händen halten. Viele Püppchen aneinandergereiht ergeben eine Girlande. Die Kinder können diese mit Fingerfarben nach Herzenslust bedrucken.

Glückskäfer

Das brauchen Sie:
1 rotes Faltpapier oder ein zum Quadrat geschnittenes rotes Buntpapier, schwarzes Buntpapier, schwarzer Filzstift, Locher, Schere, Kleber.

So wird's gemacht:
Einmal die Diagonale falten. Das entstandene Dreieck noch einmal doppelt legen, falten und wieder öffnen. An die nun entstandene mittlere Linie die beiden Spitzen anlegen und falten – das Papier liegt jetzt vier-

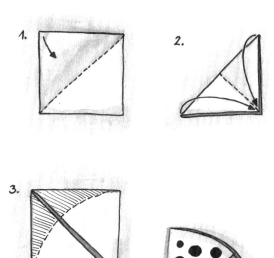

fach. Ecken an der offenen Seite wegschneiden in der Form eines Halbkreises. Schwarze Punkte mit dem Locher herstellen und auf den Flügeln aufkleben. Spitze mit Filzstift ausmalen und direkt dahinter zwei Augen andeuten – fertig ist der Marienkäfer. Mehrere Marienkäfer auf ein grünes Tonpapier geklebt, ergeben ein dekoratives Wandbild. Oder Sie kombinieren Gänseblümchen (s.o.) mit Marienkäfern auf einem grünen Tonpapier. Das unterstreicht den Charakter eines Frühlingsbildes.

Tüten bedrucken

Besorgen Sie kleine und größere weiße Tüten aus dem Brotladen – das weitere ist so einfach, dass auch schon die Kleinsten mit Spaß bei der Sache sind. Tüten mit Farbe bedrucken oder bemalen, dann trocknen lassen und mit den Kindern gemeinsam überlegen, was man damit alles machen könnte: schöne Dinge hinein füllen, vielleicht ein paar selbst gebackene Plätzchen, die man der Oma schenken kann oder im Herbst ein Teelicht hineinstellen und sich am gemütlichen Licht einer schnell gebastelten Tischlaterne erfreuen.

Kunterbunte Bastelkiste

Kleine Kinder basteln und werkeln für ihr Leben gern. Jedoch folgen sie dabei meist anderen Vorstellungen als wir Erwachsene sie im Kopf haben. Wie bei allen anderen kreativen Tätigkeiten ist auch hier das Tun an sich, das Ausprobieren der Materialien, das Hantieren mit beiden Händen das Wichtigste. Kinder bis zum Alter von drei Jahren haben noch nicht die Ausdauer, die in der Regel nötig ist, um eine Bastelarbeit bis zum Ende fertig zu stellen. Entspricht die Tätigkeit nicht ihren augenblicklichen Bedürfnissen und ihrem Können, dann verlieren sie schnell die Lust daran und wenden sich einer anderen Sache zu.

Wir Erwachsenen sollten uns deshalb immer bewusst sein: Wenn etwas gebastelt werden soll, so machen wir es **gemeinsam** mit dem Kind! Dabei kann das Kind in viele kleine Schritte einbezogen werden. Selbst die Kleinsten können schon mithelfen: das Papier aussuchen, evtl. die Farbe bestimmen, weitere Gegenstände, die gebraucht werden holen; ein Teil, an dem Sie gerade arbeiten, festhalten; den Kleber auftragen oder zwei Teile zusammenhalten bis sie festgeklebt sind.

Natürlich ist das alles sehr viel zeitraubender und anstrengender, als wenn Sie die Bastelarbeit allein machen würden. Aber es geht ja in erster

Linie darum, das Kind in seiner Entwicklung zu unterstützen – nicht um ein perfektes Ergebnis! Und kleine Kinder wollen die Großen nachmachen können. Auf diese Weise lernen sie und holen sich das, was sie gerade für ihre Entwicklung brauchen. Manches Kind steht auch nur dabei und schaut zu – und lernt doch gerade auf diese Weise! Nach und nach werden die Kinder sich mehr zutrauen, bis der Zeitpunkt kommt, wo sie ganz allein etwas machen wollen. Das bedeutet für die Eltern, sich immer mehr zurückzunehmen und dem Kind die Führung zu überlassen. Basteln ist immer ein Angebot, keine Pflichtübung! Es muss dem Kind überlassen bleiben, ob es sich darauf einlassen will oder nicht und auf welche Weise es mitmachen will.

In der Gruppe motivieren die Kinder sich gegenseitig beim Basteln. Das hat oft erstaunliche Auswirkungen auf die Jüngeren. Was der eine schon kann, will der andere auch können! Dabei wird besonders das Gruppengefühl gestärkt. Doch auch wir Erwachsenen können eine Menge lernen, wenn wir die Kleinen beobachten und ihnen aufmerksam zuschauen.

Dies und das

Krimskramskiste

In Spielgruppen, wo immer irgendetwas gesammelt und aufbewahrt werden muss, hat sich die Kiste mit allerlei Krimskrams bestens bewährt. Ein stabiler Karton, z. B. eine kleine Obstkiste wird von den Kindern bunt angemalt. Um den oberen Rand herum können nun noch Fransen aus Krepppapier geklebt werden – fertig ist die Bastelkiste! Hier wird alles gesammelt, was die Kinder im Laufe der Zeit zum Basteln alles so gebrauchen können: Papierrollen, Joghurtbecher, kleine Pappschachteln, Styroporteile, Eierkartons, Korken, Filmdöschen oder leere Behälter von Überraschungseiern Von Zeit zu Zeit wird die Kiste komplett ausgeleert, dann können die Kinder den Inhalt in ihrem Sinne verbrauchen.

So wird wieder Platz frei für einen neuen Inhalt. Vielleicht ist dann das Sammeln von Bändern und Kordeln aller Art dran, weil diese für einen bestimmten Anlass bald gebraucht werden.
Die Bastelkiste steht am besten ganz in der Nähe des Basteltisches, dort, wo auch die anderen wichtigen Bastelutensilien im Regal zu finden sind.

Collagen in Mischtechnik

Veranstalten Sie mit den Kindern eine Krimskramsaktion! Die Kinder suchen aus der Bastelkiste einige Dinge heraus, die ihnen gefallen. Jedes Teil wird mit Bastelkleber eingestrichen und auf einem großen Fotokarton aufgeklebt. An dieser Arbeit können sich mehrere Kinder beteiligen. Besonders interessante Zusammenstellungen ergeben sich, wenn möglichst unterschiedliche Dinge miteinander kombiniert werden: z. B. kleine Schachteln mit Obstnetzen und Pappollen; Korken, zusammengeknülltes Papier und ein kleiner bunter Stoffrest usw ... Wenn die Kinder noch Lust dazu haben, können sie das eine oder andere Teil mit Fingerfarbe verschönern.

Konfetti-Eier

Das brauchen Sie:
Ausgeblasene Eier, Konfetti, Schuhschachtel, Holzleim.

So wird's gemacht:
Der Schachtelboden wird mit Konfetti bedeckt. Das Ei mit Kleber vollständig bestreichen und in die Schachtel legen. Ei durch Hin- und Herbewegen der Schachtel herumkullern lassen, bis die Oberfläche mit Konfetti bedeckt ist.

Osternest aus Gras

In der Osterzeit kann man in Bastelgeschäften und Supermärkten getrocknetes Gras in der Tüte kaufen. Daraus lassen sich dekorative Osternestchen basteln, wobei auch die Kleinen schon mitmachen können.

Das brauchen Sie:
Eine Tüte getrocknetes Gras, eine Tasse fertig angerührten Tapetenkleister, ein Kompottschälchen, Federn, getrocknete Blüten und Blätter, Tücher zum Händereinigen, Unterlage.

So wird's gemacht:
Die Kompottschale umdrehen und eine erste Lage Gras darüber legen. Mit den Händen reichlich Kleister darauf verteilen, dabei das Gras fest andrücken. Weitere Lagen Gras im Wechsel mit Kleister übereinander schichten, bis das Nest etwa drei Zenitmeter dick ist. Den Abschluss bildet eine letzte Schicht Gras. Die ganze Form noch einmal fest andrücken und etwa zwei bis drei Tage trocknen lassen.
Nach dem Trocknen können die Nester noch weiter geschmückt werden. Federn, kleine Blüten oder Blättchen, welche die Kinder zuvor bei einem Spaziergang gesammelt und anschließend getrocknet haben, werden rundherum in das Nest hineingesteckt oder mit etwas Kleber befestigt.

Regenschirme

Lustig bunte Regenschirme verschönern im Herbst das Kinderzimmer oder den Gruppenraum.

Das brauchen Sie:
Regenbogenbuntpapier, abknickbare Trinkhalme, Schere, Kleber, weißes Tonpapier.

So wird's gemacht:
Schneiden Sie aus Regenbogenbuntpapier mehrere Kreise in unterschiedlicher Größe zu. Aus diesen werden Halbkreise geschnitten. Jeder Halbkreis wird nun so gefaltet: Viertel, Achtel, Sechzehntel. In die gefaltete Form schneiden Sie am breiteren Ende einen kleinen Bogen aus. Falten Sie das Papier auseinander und schneiden Sie links und rechts je ein sechzehntel Streifen ab. So entsteht die Form des Schirms.

Die Kinder kleben den Trinkhalm so unter den Schirm, dass der gebogene Teil unten wie ein Griff angeordnet ist und über dem Schirm eine kleine Spitze heraus- schaut. Alle Schirme werden nun auf das weiße Tonpapier geklebt. Zum Schluss tropfen die Kinder noch mit sehr flüssiger grauer Wasserfarbe viele Regentropfen auf das Bild.

Windball

Kleine Kinder lieben es, beweglichen Dingen hinterher zu laufen, um sie einfangen zu können. Im Herbst, wenn der Wind bläst, haben Sie vielleicht Lust, gemeinsam einen Windball aus Papier zu basteln. Er ist ganz einfach herzustellen und kann beim nächsten Spaziergang gleich ausprobiert werden.

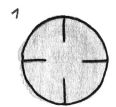 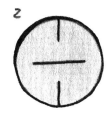 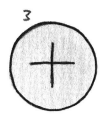

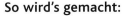

So wird's gemacht:

Aus Fotokarton oder Tonpapier werden drei Kreise mit 8 cm Durchmesser ausgeschnitten. Dann machen Sie Einschnitte, so wie in der Zeichnung dargestellt. Zum Schluss wird der Ball so zusammengefügt: Kreis 1 wird durch Kreis 2 gesteckt, das Ganze durch Kreis 3 geschoben und fertig ist der Windball.

Die Kinder können die einzelnen Kreise mit verschiedenen Farben betupfen oder bemalen. Das ergibt einen zusätzlichen bunten Effekt, wenn der Ball draußen herumwirbelt.

Kerzen verzieren

Eine schön verzierte Kerze ist immer ein passendes Geschenk für viele Anlässe. Das Bemalen ist so einfach, dass dies auch schon den Kleinsten

gelingt. Eine dicke, naturfarbene Stumpenkerze ist dafür gut geeignet. Gemalt wird mit Plaka- oder Dispersionsfarbe und einem weichen Pinsel. Geben Sie einen Esslöffel Farbe in ein Schälchen und vermischen Sie diese mit ein bis zwei Tropfen Spülmittel. Dadurch kann die Farbe auf dem Wachs der Kerze gut haften.

Blumenlicht

Das brauchen Sie:
1 Honig- oder breites Marmeladenglas, Transparentpapier in 2 Farben, Schere, Kleber, Teelicht.

So wird's gemacht:
Stellen Sie das Glas auf einen Bogen Transparentpapier und umfahren Sie den Boden mit einem Bleistift. Um diesen Kreis herum zeichnen Sie fünf große, runde Blütenblätter. In gleicher Weise verfahren Sie mit dem zweiten Bogen Transparentpapier. Nun werden die Blüten ausgeschnitten. Geben Sie etwas Kleber auf das Innere der Blüten und etwa zwei Finger breit auch auf den Ansatz der Blütenblätter. Stellen Sie das Glas hinein und ziehen Sie die Blütenblätter hoch. Wenn Sie das zweite Blütenteil etwas versetzt ankleben, entstehen später farblich schön abgestimmte Überschneidungen. Nun noch das Teelicht hineinstellen und anzünden!

Eiskristalle ans Fenster malen

Unsere Kinder kennen kaum noch Eisblumen, die nach besonders kalten Nächten im Winter am Fenster zu bestaunen sind. Mit dieser selbst gemachten Farbe können sie selbst Eiskristalle ans Fenster zaubern. Dazu mischen Sie drei Esslöffel Zucker mit einem Esslöffel Wasser. Die Farbe sollte nicht zu flüssig sein. Mit einem dicken, runden Borstenpinsel tupfen die Kinder kreisförmig mit Zuckerfarbe auf die Fensterscheibe. Nach dem Trocknen entsteht der Eindruck von Eiskristallen.

Allerlei zum Auffädeln und Durchziehen

Gegenstände mit einem Loch oder einer Öffnung haben auf kleine Kinder eine geradezu magische Anziehungskraft. Da können sie ihre Finger oder ein kleines Teil hinein stecken, können beobachten, was dann geschieht, oder auch eine Schnur durchziehen, die am anderen Ende wieder heraus kommt. So üben sie eine Vielzahl von Handgriffen, besonders das Greifen mit Daumen und Zeigefinger.

Bunte Kette

Sammeln Sie mit Ihrem Kind alles, was zum Auffädeln geeignet ist: leere Papprollen, Garnrollen, zerschnittene Trinkhalme, dicke Nudeln und Knöpfe mit großen Löchern. Zum Auffädeln eignen sich Lederbänder, Schnürsenkel, Paketschnur, dicke Nylonfäden oder auch dicke Wollfäden, die vorne mit Klebstoff verstärkt werden. Überlegen Sie mit Ihrem Kind, was mit der Kette geschehen soll. Vielleicht gibt es ein großes Stofftier im Kinderzimmer, dem ein Halsschmuck gefallen würde?

Anhänger aus Metallscheiben

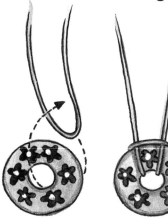

Besorgen Sie aus dem Baumarkt Unterlegscheiben aus Metall. Diese haben ein Loch in der Mitte und es gibt sie in verschiedenen Größen. Die Kinder können sie mit Plakafarbe betupfen oder ganz bemalen. Nach dem Trocknen wird ein Lederbändchen durchgezogen. Legen Sie es doppelt und führen Sie die Schlinge zuerst durch das Loch, dann das doppelte Band durch die Schlinge. So entsteht ein hübscher Halsschmuck, den sich das Kind um den Hals binden lassen kann.

Papptellergesichter

Auf runde Pappteller werden Augen und Mund mit einem dicken Filzstift aufgemalt. Nun werden in den oberen Rand mit dem Locher viele Löcher neben- und untereinander eingestanzt, wobei die Kinder natürlich auch schon mithelfen können. In diese Löcher werden Wollfäden eingezogen und verknotet. Je mehr Fäden verarbeitet werden, desto dichter wird der Haarschopf. Besonders pfiffig sieht das Gesicht aus, wenn schmale Geschenkbändchen eingezogen werden, die dann mit dem stumpfen Teil der Schere zu Kringeln gezogen werden.

Igel

In der gleichen Technik wie bei den Papptellergesichtern beschrieben, können Sie lustige Igel machen. Schneiden Sie aus Fotokarton einen Halbkreis aus. Zwei Drittel der Form wird mit dem Locher bearbeitet. Das frei bleibende Drittel wird etwas flach geschnitten, so ergibt sich vorne eine spitze Schnauze, in die Sie Auge und Schnauze mit Filzstift einzeichnen. In die Löcher ziehen die Kinder nun Bastfäden ein, die oben verknotet werden. Mehrere große und kleine Igel auf einen Karton geklebt, ergeben das Bild einer lustigen Igelfamilie.

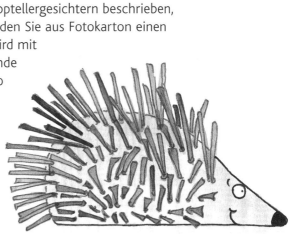

Die kleine Raupe Nimmersatt

Vielleicht kennen die Kinder schon die Geschichte von der kleinen Raupe Nimmersatt. Dann haben sie vielleicht auch Lust, sie zu basteln.

Das brauchen Sie:
10 bunte Wattebällchen, 10 Wattepads, 1 stumpfe Stopfnadel, 1 festen Faden, flüssige Farbe in einem Schälchen, z. B. verdünnte Seidenmalfarbe oder Naturfarben, 1 schwarzen Filzstift.

So wird's gemacht:
Die Wattepads in die Farbe tauchen und an der Luft trocknen lassen. Die Raupe entsteht, indem Sie abwechselnd ein Wattebällchen, dann ein Wattepad auffädeln. Den Kopf bildet ein Bällchen, auf dem Augen und Mund mit Filzstift aufgezeichnet werden. Das Ende der Raupe ist ein Bällchen, das etwas in die Länge gezogen wird und zur Spitze ausläuft. Zum Schluss die Fadenenden verknoten. Wenn die Kinder das Auffädeln selber machen wollen, dann empfiehlt es sich, die Löcher vorher durchzustechen.

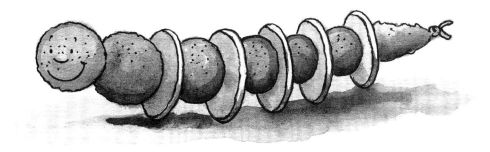

Weben am Gartenzaun

Tagesstätten verfügen häufig über einen Gartenzaun aus Maschendraht. Machen Sie im Sommer mit den Kindern eine kreative Gemeinschaftsaktion! Sammeln Sie mit Kindern und Eltern alles, was sich zum Weben und Durchziehen durch die Maschen des Drahtes eignet: Streifen von Stoffresten und Webpelz, Geschenkbänder, Kordel und Schnüre. An einer geeigneten Stelle beginnen Sie, einen Stoffstreifen durch die Maschen zu ziehen. Den ganzen Sommer über steht an dieser Stelle eine Kiste mit dem Webmaterial und die Kinder können, wann immer sie Lust dazu haben, sich hier beschäftigen. Dabei ist keine Richtung vorgegeben. Es kann quer, längs, von links nach rechts und umgekehrt, schräg nach oben oder unten gewebt werden. Damit wird sich auch das Gebilde immer wieder verändern: alte Streifen werden wieder heraus gezogen und woanders eingeführt; Bänder können heraus hängen, oder an einer Stelle wurde ein ganzes Stück Stoff hineingestopft.

Machen Sie von Zeit zu Zeit Fotos, um die Ergebnisse und die Veränderungen dokumentieren zu können! An einem Elternabend sind diese Fotos dann eine willkommene Präsentation.

Kindergalerie

Es gehört zum künstlerischen Schaffen, die eigenen Werke der Öffentlichkeit vorzustellen. So erfährt der Künstler Anerkennung und Würdigung seiner Ideen und seiner Arbeit, jedoch auch Desinteresse, Ablehnung oder Kritik. All dies trägt zur weiteren Auseinandersetzung der eigenen schöpferischen Vorstellungen bei.

Für kleine Kinder ist die Tätigkeit an sich in der Regel interessanter als das Endprodukt. Ist eine Sache fertig, so richtet sich die Aufmerksamkeit spontan und ohne Umschweife anderen Dingen zu. Trotzdem ist es wichtig, auch ihre Arbeiten aufzuheben, sie zu sammeln oder an die Wand zu hängen. Damit erfahren die Kinder Bestätigung und Wertschätzung ihres Tuns. Für die Eltern ist es meist eine schöne Erfahrung, wenn sie die frühen Werke ihres Kindes anschauen. Damit verknüpfen sich oft lustige und originelle Begebenheiten, über die man miteinander ins Gespräch kommen kann. Und nicht zuletzt erfahren wir auf diesem Wege viel von der Persönlichkeit des Kindes.

Warum nicht einmal eine Ausstellung mit den Arbeiten der Kinder organisieren? Alles, was die Kleinen in einem Jahr produziert haben, wird zusammengetragen und fachmännisch in einer Kindergalerie präsentiert. Eltern, ältere Geschwister, Großeltern, Nachbarn und Freunde sind eingeladen. Und wie in einer richtigen Kunstausstellung können die Werke gekauft oder ersteigert werden. Der Erlös dient dann der Aufstockung der Spiel- und Materialgeldkasse oder er wird einem sozialen Projekt zugeführt.

Bilderrahmen

Natürlich werden die Bilder der Kinder auch mit schönen Rahmen versehen. Sie verstärken die Wirkung des Bildes und grenzen es gegenüber anderen Ausstellungsstücken ab. Die Kinder können dabei schon viele kleine Arbeitsschritte selbst übernehmen. So können sie die Rahmen verzieren, sie mit Gold- oder Silberfarbe bemalen oder mit Kleber bestreichen und dann mit Glimmer bestreuen. Besonders kleine Bildformate erhalten zusätzlich ein Passepartout. Hierzu schneiden Sie weißes oder farblich passendes Tonpapier in der gewünschten Bildgröße zu und kleben das Bild in die Mitte. Um das Passepartout herum wird nun der Rahmen gelegt und auf der Rückseite mit Klebeband befestigt.

Rahmen aus Styroporleisten

In Baumärkten und Geschäften für Malerbedarf erhalten Sie dekorative Stuckleisten aus Styropor.
Diese schneiden Sie an den Ecken schräg zu und kleben sie aneinander. Die Kinder können diese Rahmen mit Gold- oder Silberfarbe bemalen. In ihrer Wirkung sehen sie echten, teuren Bilderrahmen täuschend ähnlich. Natürlich können Sie auch die Leisten aus Styroporplatten selbst zuschneiden, dann erhalten Sie besonders preiswerte Bilderrahmen.

Rahmen aus Wellpappe

Bastelwellpappe eignet sich sehr gut für Rahmen aller Art. Die vorgestanzte Breite einfach in Streifen schneiden und zu Rahmen zusammenfügen. Die Kinder können diese noch mit eigenen Verzierungen versehen: etwas Kleber aufstreichen und Glimmer aus der Tüte darüberstreuen oder mit dem Pinsel Goldfarbe auftupfen.

Rahmen aus Tortendeckchenspitzen

Eckige Tortendeckchen gibt es auch in Gold oder Silber. Kleinere Bilder können direkt in die Mitte geklebt werden, so dass die Spitze eine dekorative Umrandung bildet. Oder Sie schneiden diese ab, fügen sie zu einer längeren Form zusammen und kleben sie um ein Bild herum.

Papptellerbilder

In Bäckereien oder Geschäften für Partybedarf erhalten Sie kleine und größere rechteckige oder auch runde Pappteller. Diese eignen sich hervorragend für Kinderbilder aller Art. Die Kinder malen in das flache Innenteil direkt ihr Bild hinein und bemalen den etwas höher stehenden Rand mit Gold- oder Silberfarbe. Natürlich können Sie auch kleinere Bilder so zuschneiden, dass sie in die Teller passen und sie hineinkleben.

Ausstellungsflächen

Es sollen möglichst viele Werke der kleinen Künstler in der Ausstellung Platz finden. Sie brauchen also viele Wände und zusätzliche Möglichkeiten, die Bilder aufzuhängen. Neben allen möglichen verfügbaren freien Flächen an den Wänden können Sie natürlich auch eine Wäscheleine quer durch den Raum spannen und die Bilder mit Wäsche- oder Büroklammern daran befestigen. Doch meist werden noch weitere Ausstellungsflächen benötigt. Stellwände lassen sich aus großformatigem Verpackungsmaterial im Handumdrehen und ohne großen Aufwand selbst herstellen.

Bildertürme

Je nach Bedarf und räumlichen Möglichkeiten können mehrere Bildertürme aufgestellt werden, zwischen denen die Besucher dann bei der Eröffnung der Ausstellung herum gehen können. Auf vier Seiten erhalten Sie viel Platz zum Aushängen der Kinderbilder.

Das brauchen Sie:
Möglichst große und stabile Pappkartons, Paketklebeband, Kleber, Teppichschneider, zur Dekoration Buntpapier oder Goldpapier, Schere.

So wird's gemacht:
Passende Kartons aufeinander stapeln und die Anschlussstellen mit dem Klebeband befestigen. Bei dem zuunterst stehenden Karton schlagen Sie die Laschen nach außen und befestigen Sie diese am Boden gut mit Klebeband. Damit erhält der Turm die nötige Stabilität. Der obere Rand, sowie die Anschlussstellen werden dann mit einer Fransengirlande oder einer Zackenbordüre aus Bunt- bzw. Goldpapier verziert.

Riesen-Leporello

Das brauchen Sie:
2 gleich große Kartons, 2 Pappstreifen in der Länge der Kartons, 30 cm breit, Papiermesser, Paketklebeband, Kleber.

So wird's gemacht:
Beide Kartons an einer Ecke senkrecht auseinanderschneiden und sie zur Zickzackform umfalten. Die beiden Pappstreifen in der Mitte längs falten. Die Kartons miteinander verbinden: dazu einen Streifen innen, den anderen außen an die Anschlussstelle kleben. Zusätzliches Fixieren mit Klebeband verstärkt die Flexibilität. Am Boden befestigen Sie das Leporello, indem Sie die unteren Laschen nach außen falten und diese abwechselnd einmal zur einen, einmal zur anderen Seite am Boden mit Klebeband befestigen. Dabei müssen die Laschen oben entfernt werden.

Kunst-Objekte mit Durchblick

Diese Kunst-Objekte schaffen sehr viel Ausstellungsfläche. Und wie in einer richtigen Galerie können die Besucher hindurchgehen und drum herumlaufen. Für Kinder, die meist nicht so große Ausdauer beim Betrachten der Bilder entwickeln, gibt es einen zusätzlichen Anreiz zum Spielen.

Das brauchen Sie:
Mehrere stabile Pappkartons in unterschiedlicher Größe, Teppichschneider, Kleber, Paketklebeband.

So wird's gemacht:
Schneiden Sie die Kartons an einer Ecke auseinander und falten Sie die Wände so um, dass sie in beliebiger Form aufgestellt werden können. Die weiteren Kartons werden so zugeordnet, dass sich Ecken und Zwischenräume ergeben, in die man hineingehen kann. Schneiden Sie in einige Wände ein Guckloch, ein Fenster oder auch ein Tor hinein. Die Öffnungen dienen als Passepartout für die Bilder oder aber die Kinder kön-

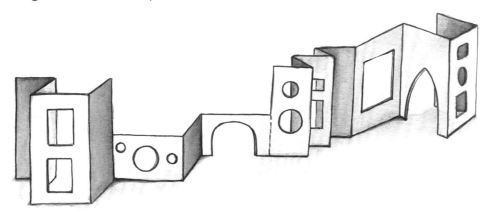

nen hindurchschauen oder durch das Tor krabbeln. Es versteht sich von selbst, dass diese Öffnungen keine Verletzungsgefahr darstellen dürfen. Das Guckloch sollte eher klein sein, während das Tor groß genug zum Durchkriechen sein muss. Die Wände und die Abschlusskanten werden so bearbeitet, wie beim Leporello beschrieben, wobei natürlich auf besondere Stabilität geachtet werden muss.

Bilderwürfel

Manchmal finden Sie Kartons in Würfelform. Falls Sie diese nicht erhalten, machen Sie aus Fotokarton selbst welche. Auf alle sechs Seiten können Sie nun Kinderbilder in der passenden Größe aufziehen. In Kindergruppen gibt es natürlich für jedes Kind einen nur mit den eigenen Werken beklebten Kunstwürfel. Vielleicht ist auf einer Seite das Foto des kleinen Künstlers aufgeklebt, wie er gerade im Malerkittel in voller Aktion ist. Dadurch wird das Suchen, Finden und Zuordnen für Erwachsene besonders reizvoll. Diesen Würfel kann man dann in der Ausstellung immer wieder in die Hand nehmen, drehen und die einzelnen Bilder auf allen Seiten in Ruhe anschauen. Natürlich erhalten die Eltern auch die Möglichkeit, ihn im Ganzen zu ersteigern und mit nach Hause zu nehmen.

Galerie der Müllsäcke

Müllbeutel aus Plastik eignen sich hervorragend als Maluntergrund. Besorgen Sie sich Beutel in unterschiedlichen Größen und Farben. Die Kinder bemalen die Flächen mit Acrylfarben. An einer Wäscheleine, die quer durch den Raum gespannt ist, finden die abstrakten Kunstwerke ihren Platz. In ihrer Transparenz und Farbenkraft sind sie ein äußerst dekorativer Blickfang.

Tipp: Die Müllsäcke eignen sich auch für ein Designerkleid. Dazu schneiden Sie für den Kopf und die Arme Löcher in den Beutel. Selbstverständlich wird der große Auftritt mit einem Foto festgehalten.

(nach der Idee von Elena Janker, Kinder- und Jugendkunst-Galerie, Amalienstraße 41, 80799 München)

Warnhinweis: Kleine Kinder wollen alles ausprobieren und ziehen sich eventuell den Beutel über den Kopf (Erstickungsgefahr!). Bei dieser Aktion sollten daher Kinder immer unter Beaufsichtigung eines Erwachsenen sein, um mögliche Gefahren auszuschließen.

Zur Erinnerung

Bilderrolle

Größere Bilder, welche nicht in eine Mappe hineinpassen, werden fachgerecht in einer Rolle nach Hause getragen. Diese fertigen Sie aus Bastelwellpappe im Durchmesser von ca. 8 cm an. Die Bilder werden dann einfach aufgerollt und durch die Papprolle geschoben.

Sammelmappe für die Bilder

In einer Mappe können Eltern Bilder sammeln und nach Hause transportieren. So eine Sammelmappe mit den Werken der Jüngsten ist für Eltern immer wieder eine Fundgrube. In späteren Jahren schauen sie sicher gern mit der ganzen Familie das an, was da in den ersten Lebensjahren so alles an kreativer Produktion zustande gekommen ist.
Natürlich können Sie für jedes Kind eine fertige Mappe im Schreibwarenhandel kaufen. Aber es lohnt sich auch, eine Mappe selbst anzufertigen.

Dies geht ganz einfach und Ihr Kind kann vielleicht die Mappe außen mit einem hübschen Hände- oder Fußabdruck verschönern.

Das brauchen Sie:
Für die Mappe: Weißen Fotokarton 70 x 100 cm groß, Lineal, Papiermesser, 70 cm Hut- oder Elastikgummi.
Für die Gestaltung: Dispersionsfarben, z. B. in Blau, Grün, Rot, dicken Filzstift, flache Schalen oder große Blumentopfuntersetzer, Eimer mit Wasser, Tücher zum Reinigen.

So wird's gemacht:
Die Mappe wie angegeben zuschneiden. Beim rückseitigen Teil die Laschen nach innen falten. In die obere und in die untere Lasche einen Schlitz einschneiden. In diesen kann die seitliche Lasche eingezogen wer-

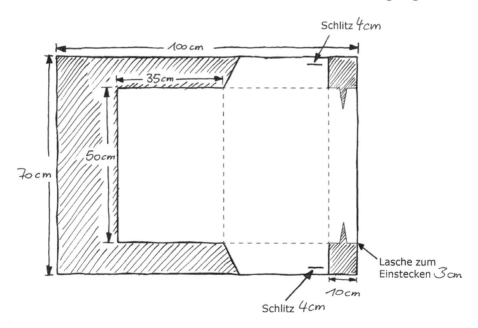

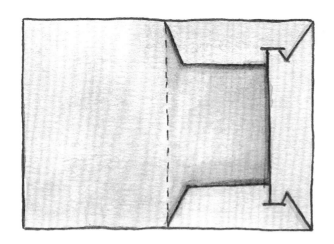 

den, was der Mappe zusätzlich Stabilität verleiht. Beim Schließen außen das Gummiband umlegen.

Wenn dieser Teil der Herstellung erledigt ist, geht es an die Außengestaltung. Während sich die Jüngsten mit einem Handabdruck begnügen, gestalten die älteren Kinder ein fröhliches Gesicht mit beiden Füßen und einer Hand.

Dazu taucht das Kind seine Hand in Farbe und macht im oberen Drittel des Kartons einen Abdruck. Dann streicht es seine Fußsohle mit einer Farbe ein oder tritt in eine Schale mit der Farbe seiner Wahl. Mit Ihrer Assistenz drückt das Kind zuerst den einen Fuß links und den anderen Fuß rechts vom Handballen auf den Karton. Ist die Farbe trocken, werden noch Augen und ein Mund in die Mitte gemalt. Zuletzt kommt noch der Name des Kindes auf die Mappe.

Unter-Dreijährige in der Kita
Praxisbücher zur Förderung der Kleinsten

Wer Kinder unter drei Jahren betreut, braucht gute Ideen, Spiele und Aktionen, die schon die Allerkleinsten mitmachen können und die Kinder in unterschiedlichen Entwicklungsphasen gleichermaßen begeistern.

Jede Menge Praxisideen, mit denen Kinder unter 3 Jahren ihre Persönlichkeit entdecken.
ISBN 978-3-7698-1570-2

Konkrete Angebote, die dazu beitragen, dass eine Gruppe zusammenwachsen kann.
ISBN 978-3-7698-1571-9

Im Sand buddeln und in der Natur mit allen Sinnen auf Entdeckungsreise gehen.
ISBN 978-3-7698-1589-4

Jahreszeitliche Rituale und Festideen für die Kleinsten – denn die wollen den Großen beim Feiern in nichts nachstehen.
ISBN 978-3-7698-1701-0

Einfache und fantasievolle Spielideen von wild bis ruhig lassen die eigene Motorik entdecken und das Miteinander austesten.
ISBN 978-3-7698-1727-0

Summen und Singen, ein Lied im Rhythmus begleiten oder sich im Takt drehen: Musik macht einfach gute Laune!
ISBN 978-3-7698-1728-7